新农村建设农村热点问题丛书

农民外出打工百事通

主　编　胡东华
副主编　郭　苗

中国财政经济出版社

图书在版编目（CIP）数据

农民外出打工百事通/胡东华主编. —北京：中国财政经济出版社，2011.10

（新农村建设农村热点问题丛书）

ISBN 978-7-5095-3060-3

Ⅰ. ①农…　Ⅱ. ①胡…　Ⅲ. ①农民-劳动就业-基本知识-中国　Ⅳ. ①D669.2

中国版本图书馆 CIP 数据核字（2011）第 171064 号

责任编辑：李玲兰　　责任校对：黄亚青

封面设计：汪俊宇　　版式设计：文　通

中国财政经济出版社出版

URL：http：//www.cfeph.cn

E-mail：cfeph@cfeph.cn

（版权所有　翻印必究）

社址：北京市海淀区阜成路甲 28 号　邮政编码：100142

发行处电话：88190406　财经书店电话：64033436

三河市国英印务有限公司印刷　各地新华书店经销

880×1230 毫米　32 开　6.875 印张　171 000 字

2011 年 9 月第 1 版　2011 年 9 月河北第 1 次印刷

定价：26.00 元

ISBN 978-7-5095-3060-3/F·2595

（图书出现印装问题，本社负责调换）

本社质量投诉电话：010-88190744

编写人员名单

郭　苗	刘素枚	李　亮	杨　军
刘　津	吕宙飞	高永军	温　晴
韩　冰	江治亚	苗伟东	吴　燕
梁元东	刘　敬	钟典良	吴晓燕
王新星	伍勇丽	范开迪	杨文良
杨晓霞			

前　　言

改革开放以来，我国在工业化、城镇化快速推进的过程中，涌现出来了一支新型的劳动大军——农民工。他们进入工厂、进入城市，分布在经济建设的各个行业和领域。他们用辛勤的劳动和汗水，为城市创造了财富，为农村增加了收入，为城乡发展注入了活力，为改变城乡二元结构，解决“三农”问题闯出了一条新路，为我国社会主义建设作出了重要的贡献。

目前，农民工已成为建筑业、制造业、纺织业等行业员工的主体。农民外出打工是社会、经济发展的必然趋势，是扩大就业、增加收入的重要渠道。农民工跨地区流动就业有利于打破城乡分治的二元结构，建立城乡统一的劳动力市场和公平竞争的就业制度，也有利于推动政府职能和管理方式转变。总之，农民外出打工，为工业发展增强了竞争力，为城市繁荣增加了活力，为改革开放增添了动力。

同时，我们也要认识到，随着产业结构不断升级，城市对劳动力素质的要求也将越来越高，广大农民朋友如果不具备一定的素质和技能，将难以顺利实现就业，很难适应城市的工作和生活。

为此，在中国财政经济出版社的策划组织下，我们编写了此书，旨在积极引导广大农民工进行学习，帮助他们积极提升城市工作和生活的适应力。

编者

目　录

第一部分　外出打工前的准备

一、国家关于农民外出打工有哪些基本方针政策？

农民外出打工不仅增加了个人收入，还满足了城市的用工需求，对加快城乡发展做出了重要贡献。农村劳动力向非农产业和城镇转移，事关经济和社会发展的全局。国家高度重视和支持农民进城就业，为改善农民进城就业环境，明确了关于农民进城就业工作的方针、原则，并制定了相应的政策。这既是各地区、各部门开展工作的依据，也是进城务工就业人员自觉配合有关部门的管理、依法维护自身合法权益的依据。

1. 公平对待一视同仁。国家对农民进城就业实行公平对待、一视同仁的原则，要求各地区部门取消限制农民进城就业的各种歧视性规定，取消对农民进城就业的职业工种限制。各行业和工种尤其是特殊行业和工种要求的技术资格、健康等条件，对农民工和城镇居民应一视同仁。

国家高度重视农民工的生产安全和生活条件，要求用工单位大力改善农民工的就业环境，切实维护他们的合法权益，帮助他们解决实际困难，在全社会营造关心农民工的良好氛围。

2. 取消不合理收费。国家要求取消针对农民工进城就业的不合理收费，如暂住（流动）人口管理费、劳动力调节费、计划生育管理费、外地务工经商人员管理服务费、城市增容费和外地（外省）建筑（施工）企业管理费等，严禁有关部门越权对农民工设立行政事业性收费项目，严禁变换手法向农民工乱收费。相关部门在办理农民进城务工就业和企业用工手续时，除了按照国家有关规定收取证书工本费外，不得收取其他费用。其中证书工本费最高不得超过5元。有关部门和组织为外出或外来务工人员提供经营性服务的收费时，必须符合自愿、有偿的原则。

3. 完善管理与服务。国家要求输出地、输入地政府和各有关部门要充分认识到农民进城务工的重要意义，将做好农民进城就业工作列入重要工作日程，加强统筹规划，合理引导，积极配合，尽力做好农民进城就业的管理和服务工作。

国家对农民工实行属地管理。农民工的就业和计划生育、卫生防病、妇幼保健、子女教育、治安管理工作和法律服务等，要列入输入地政府有关部门和社区的责任范围内。

农民工进入务工地后需要接受当地有关政府部门和社区的管理。公安部门要及时为进城务工的农民办理暂住证。使用农民工的单位和农民工居住地的社区需组织实行治安管理责任制，积极配合公安部门做好治安管理工作。劳动保障部门需要负责进城务工就业农民的劳动管理与就业服务工作。教育部门应保障农民工子女接受义务教育的权利，学校在入学条件等方面对进城务工子女应与当地学生同等对待，禁止违反国家规定收取额外教学费用等。

4. 积极组织劳务输出。国家要求输出地的政府职能部门发挥作用，做好转移就业服务，发展有组织的劳务输出。各地要统筹做好：开拓劳务市场、收集发布劳务信息、培训劳务人员、组织劳务输出、提供劳务服务和法律咨询、协调劳务管理和维护农民工合法权益等工作；大力推行“职业培训、就业服务、维护权益”三位一体的工作模式；加强跨省劳务工作和乡镇劳动服务工作，大力发展劳务协作，积极建立劳务基地，通过订单、定向输出，提高农民外出务工组织程度。

5. 做好培训工作。国家高度重视提高农民工的素质。要求各级政府加大宣传和引导力度，充分利用各种教育培训机构，积极开展农民工培训工作，同时要求用人单位进行必要的岗位技能和安全生产培训。

人力资源和社会保障部正在实施——农村劳动者技能就业计划，对进城务工的农村劳动者开展职业培训，加大培训政策和资金的支持力度。

6. 维护合法权益。国家要求建立农民工工资支付保障制度。强调指出，用人单位不得以任何名目克扣和拖欠农民工工资。各级政府部门和劳动保障、建设等部门需加大工作力度，严肃查处克扣拖欠农民工工资的违法行为，并且积极落实最低工资制度。

要求执法部门加大维权执法力度，对重点行业加强监察执法，严厉查处随意克扣工资、延长工时、使用童工以及劳动条件恶劣等行为。及时处理农民工申诉的劳动争议案件，并视情况减免应由其本人负担的仲裁费用。大中城市应开通“12333”劳动保障电话咨询服务，做好对农民工的咨询服务工作。对农民工开展相应的法律援助。支持工会组织依法维护农民工的权益。

国家要求需严格执行劳动合同制度。用人单位必须依法与农民工签订劳动合同。用工单位在变更劳动合同时，应该遵循自愿平等、协商一致的原则，不能违反相关法律规定。

二、外出打工人员应具备哪些基本条件？

外出打工人员应具备的条件：

1. 外出务工人员必须达到法定的劳动年龄（即年满 16 周岁，男 60 周岁以下，女 55 周岁以下）。国家严禁用人单位雇用 16 周岁以下的未成年人。

2. 要具备良好的身体素质。

身体是工作的本钱，不少外出打工人员就是凭借自己健康的身体和充沛的精力在城镇中找到合适的工作的。不同的工作对劳动者的身体素质有不同的要求。像患有色盲的人，就不宜从事与颜色打交道的职业，像印染、装修等；体质较弱或四肢有疾病的，就不宜从事搬运等重体力活。

外出打工人员在进城前最好到当地卫生所或者医院做一次全面

的身体检查，体检证明上必须有本人照片并加盖骑缝章，必须有主检医生签字。在了解了自己的身体状况后，就可以更好地选择所要从事的行业。如果检查发现身体患有慢性疾病，医生认为不适合外出务工的朋友，建议先在家养好身体，暂时不要进城务工，以免长期的劳累和奔波加重了自身的病情，对自己和他人的生活造成不良影响。

3. 需要接受岗前培训、具备某种职业技能。外出务工人员要想在城镇找到相对稳定的工作，并且希望能在城镇扎根，就得必须使自己具有一技之长。如果没有一技之长，那么只能做一些简单的劳动，这样不仅工作辛苦，收入也低；而如果有了一技之长，找工作就会相对容易很多，并且报酬也较高。

4. 具备承受挫折的能力。外出务工人员在打工过程中，往往会遇到各种各样的困难和挫折，如找不到合适的工作，生活习惯改变，甚至可能遭遇欺骗、不公平，受到欺侮等。挫折会引起我们的怯懦感、自卑感，甚至对抗心理。这些不良的心理不仅会影响正常的工作和生活，同时也会影响身心健康。因此，在进城务工之前，要做好战胜各种困难和吃苦受累的心理准备，没有哪一条路是一帆风顺的，放下自卑和自怨，拿出自信和不服输的韧劲，勇敢地面对即将开始的新生活，并在打工生活中不断磨炼自己，克服自卑，增强自信和勇气，提高自己的能力和心理素质。

5. 要具备与人沟通的能力。在城镇中打工，我们会遇到许多的陌生人。如果没有良好的沟通能力，就不能让别人认识和了解自己，没办法交到朋友，甚至会影响正常的生活和工作。因此，外出务工者必须具有一定的沟通能力，另外，说好普通话也是十分重要的。

6. 要遵纪守法。外出务工人员要热爱祖国、积极上进、讲文明、讲道德、讲礼貌，有较高的法律意识，自觉遵守国家法律和公民道德公约。同时要了解国家的相关政策和法律法规。如《劳动法》、《合同法》、《治安管理处罚条例》、《职业病防治法》等等，增强利用法律来保护自身权益的意识。

◆ 要有良好的思想道德素质。

想要成为一名合格的农民工，首先必须得是一名合格的中国公民。

◆ 要有一定的物质准备和资金准备。

物质准备是指，简单的生活用品、常用工具和换洗的衣物。资金准备是指，外出务工人员最少应当准备来回旅程所需的费用和一个月左右的生活费。如果资金准备不足，一旦遇到困难就难以克服。

除了需要具备以上条件外，外出务工人员还要符合所在的省、自治区和直辖市所规定的外出打工人员的其他条件。

【小贴士】

哪些人员不适合外出务工：

◆ 孕妇、残疾人和年老、体弱有病的人员，不宜进城务工。

◆ 文盲不宜进城务工。因为城市与农村各方面的差别都比较大，不具备一定的文化知识，来到城市就像面对一个陌生的世界，会带来诸多不便和困难。

◆ 未成年人不宜进城务工。国家禁止招用未满 16 周岁的未成年人务工。

外出打工时不应具备以下心态：

◆ 金钱至上，这样的话就会很容易被人利用。

◆ 自暴自弃，对能够胜任的工作不去努力争取，结果失去了很多好工作的机会。

◆ 好高骛远，这山望着那山高的心态往往最后会导致一事无成。

◆ 贪生怕死，怕累怕脏，小事不愿做，大事又做不下来，这样很难找到就业岗位。

三、盲目外出打工会导致什么结果？

农民工朋友如果盲目进城寻找工作，可能会造成以下的不良后果：

1. 上当受骗。经常会有些不法分子利用农民工急于找工作的心理，进行诈骗、勒索和拐卖等违法犯罪活动，使农民工朋友蒙受不必要的损失。

2. 很难找到工作。据统计资料证明，大量的盲目涌入城镇的农民，找到工作的可能性极小。

3. 浪费自身的钱财。盲目外出打工，最直接的后果就是造成自己经济上的损失。没找到工作之前所需要的住宿费和伙食费，办理证件的费用和来回的车费等，加起来很可能就是自己省吃俭用积攒多年的积蓄了。

要明白，城镇不是轻易就能赚到钱的地方，外出打工之前一定要做好必要的准备，包括技能方面的准备、知识方面的准备、办理各种各样的证明材料和证件的准备等等。

四、农民外出打工有哪些途径？

一般来说，农民外出打工的途径主要有以下几种：

1. 从当地的县、乡劳动就业服务机构获取信息。比如县劳动就业服务机构，乡、镇就业服务站等，这些部门承办农村劳动力跨省流动就业服务的具体事务，负责所在地的劳动就业服务工作，常年提供各类就业信息。

2. 用人单位到当地招聘。有些用人单位需要招用劳动力时，会派相关工作人员到农村与劳动就业部门直接联系，在当地进行招工。这种途径给外出打工的农民提供了很大的方便，不仅可以节约找工作的时间，也节省了进城找工作的费用。但是，准备进城务工的农民朋友要注意考察用人单位的真实性和可靠性，以免上当受骗。

3. 通过亲朋好友、老乡的介绍。这是目前农民外出打工的最主要途径。在城镇打工的亲朋好友不仅有在城镇工作的相关经验，也了解进城打工的相关信息，特别是他们所在单位的用工信息。这些信息来源可靠，是获取务工信息的一种简单有效的途径。许多外出打工者在老乡和亲朋好友的介绍下，一带十、十带百地出去打工。

4. 通过网络、电视、报纸、刊物、广播等途径来获得的进城务工信息。现在的许多网站报刊都有专门刊登就业信息的页面和版面，农民朋友可以很容易找到相关的务工信息。但是由于这些信息来源复杂，一定要注意筛选，避免上当受骗。

五、外出打工要随身携带哪些证件？

外出打工的农民朋友需要携带的证件包括：

1. 有效居民身份证。
2. 毕业证或学历证明。
3. 结婚证、流动人口计划生育证（或未婚证明）。
4. 健康证。
5. 技能培训合格证。
6. 16～49 周岁的育龄妇女还必须办理流动人口婚育证明。
7. 农村劳动力档案。
8. 出国护照（出国打工）等。

另外，随身带一些 1～2 寸的免冠照片，以备进城后办理证件时使用。进城后除了居民身份证和居住证要随身携带以外，其他有效证件需妥善保管。

【小贴士】

根据《中华人民共和国居民身份证法》的要求，中国公民应陆续在 2008 年前更换第二代居民身份证。为方便在外求学、务工、经商的居民办理第二代居民身份证，一些省份实行居民身份证异地受理服务举措。相关具体情况农民工朋友可以向户口所在地的派出所咨询。

六、如何办理和使用居民身份证？

居民身份证是公民进行经济、政治和社会活动时，证明其身份的有效证件，它由公安机关统一印制、颁发和管理。《中华人民共和国居民身份证条例实施细则》的第六条规定：年满 16 周岁的中国公民，应当向常住户口所在地的户口登记机关履行申领居民身份证的手续。公民年满 16 周岁时，在从生日起计算的 30 天内申领居民身份证。申领居民身份证时，需填写常住人口登记表，交验户口簿，交近期标准照片 2 张。

居民身份证有效期起始日期是指，公安机关签发居民身份证的日期。根据《居民身份证法》第一章第五条规定："十六周岁以上公民的居民身份证的有效期限为 10 年、20 年、长期。16 周岁至 25 周岁的公民发给有效期限 10 年的居民身份证，26 周岁至 45 周岁的公民发给有效期限 20 年的居民身份证，46 周岁以上的公民发给长期有效的居民身份证。

外出打工人员不论在住宿、出行、还是求职时，都必须持有身份证。如果没有正式居民身份证，或者由于丢失来不及补办的，则应该在离家外出务工之前，到当地公安机关或乡以上的人民政府办理临时身份证或身份证明。

身份证只证明本人身份，不能转借给他人，否则要自己承担由此所引起的一切后果。因此，外出务工者，应该保管好自己的身份证。

【小贴士】

按照法律规定，公安人员依法执行公务需要查验公民的居民身份证时，应当首先出示自己的执法证件。因此，当遇到公安人员检查身份证时，自己要看清楚他们的工作证件，以防一些不法分子借此手段向务工者行骗或者勒索。除公安机关依法对犯罪嫌疑人采取强制措施时可以依法扣留居民身份证外，其他任何组织和个人不得扣押公民的居民身份证或者作为抵押。有时为了特定需要，不妨随身准备一两份身份证复印件。

公安机关在下列情况下，有权查验公民的居民身份证，被查验的公民不得拒绝：

◆ 对有违法犯罪嫌疑的人员，需要查明身份的；

◆ 依法实施现场管制时，需要查明有关人员身份的；

◆ 发生严重危害社会治安突发事件时，需要查明现场有关人员身份的；

◆ 法律规定需要查明身份的其他情形。

【链接】

居民身份证有什么用处?

居民身份证是证明我国公民身份的法定证件。凡是年满 16 周岁的中国公民，都应向常住户口所在地的户口登记机关申领居民身份证。

公民在办理下列事务、需要证明身份时，应当出示居民身份证：(1) 户口登记；(2) 选民登记；(3) 婚姻登记、收养登记；(4) 入学、就业；(5) 兵役登记；(6) 参与诉讼活动；(7) 办理公证事务；(8) 前往边境管理区；(9) 办理申请出境手续；(10) 办理机动车、船舶驾驶证和行驶证，非机动车执照；(11) 办理个体营业执照；(12) 提取汇款、邮件；(13) 办理个人信贷事务；(14) 参加社会保险，领取社会救济；(15) 投宿旅店办理登记手续；(16) 办理搭乘民航飞机手续；(17) 法律、行政法规规定需要用居民身份证证明身份的其他情形。

【链接】

哪些行为属于违反《中华人民共和国身份证法》的行为?

◆ 非法扣押他人居民身份证的；

◆ 拒绝公安机关查验居民身份证的；

◆ 使用虚假证明材料骗领居民身份证的；

◆ 出租、出借、转让居民身份证的；

◆ 冒用他人居民身份证或骗领身份证的；

◆ 购买、出售、使用伪造、变造的居民身份证的。上述行为将被公安机关依法予以行政处罚。其中，伪造、变造居民身份证的将被依法追究刑事责任。

【链接】

◆ 第二代居民身份证号码与第一代有什么不同?

第二代居民身份证号码与第一代号码一样，只是新加入了许多防伪标识。

◆ 办理二代居民身份证的收费是多少?

经国家发展改革委、财政部批准，对申领、换领第二代居民身份证的居民收取工本费每证 20 元，对丢失补领或损坏换领第二代居民身份证的居民收取工本费每证 40 元。公安机关收取的居民身份证工本费，全部上缴国库。

◆ 办理二代居民身份证需要多长时间？

按照法律规定，公安机关应当自公民提交居民身份证申领登记表之日起，60 日内发放居民身份证；对于交通不便的地区，办理时间可以适当延长，但是延长的时间不得超过 30 日。

◆ 如果居民的第一代身份证尚未到期，是否还能继续使用？

公民本人尚未申领第二代居民身份证的或者在尚未开展换发第二代居民身份证的地方，其所持有的第一代居民身份证仍在有效期内的可以继续使用。第一代居民身份证的废止时间将另行规定。

七、外出打工前如何使自己具备一定的技能？

目前我国最缺乏的是具有“一技之长”的劳动者。现在技能型的农民工已经成为珠江三角洲产业大军的中坚力量。随着广东工业化进程的发展，对电气机械、计算机软件、电子设备制造、模具设计、数控机床、汽车研发等方面的高技能人才的需求也非常紧迫。

进城务工前最重要的准备应该就是技能的准备。没有一技之长的打工者，就只能做一些简单劳动，不仅辛苦，收入也低，而有了一技之长，找工作就相对容易得多，报酬也较高。所以农民朋友必须高度重视就业前的技能准备。不同行业、不同工种、不同岗位，如车工、电工、花卉园艺工、护理工、装饰装修工、旅游公关、家政服务、餐饮、建筑、制造、服装设计及家用电子产品维修工等，都有相应的技能培训。掌握了必要的技术，做起来才得心应手。外出打工前，你先做好技能准备吧，那么怎样才能获得一技之长呢？

1. 参加培训。从各种各样的培训机构，有针对性地学习计算机、修理、美容、烹饪、服装、销售等技术。常见的培训途径有以下几种：

（1）县、乡镇劳动服务机构举办的培训班。这些培训班的培训内容和就业去向一般具有针对性，有的是和招工单位联合举办的，培训结束后就可走上工作岗位。

(2 技校、职业高中、农业广播电视学校和夜校等专门的职业培训学校。诸如计算机培训学校、家电修理培训班、烹饪学校、驾驶学校等。这些学校专门从事各类专业的技能培训活动，具有较强的师资力量、完善的办学设施。在这里你既可以学到较系统的知识，也可以在短时间内掌握一定的技术，是目前进城务工者获得有关专业技能的重要渠道。

2. 向有经验、有技术的人学习。请教当地那些曾经进城务工而且比较成功的人。他们积累了一些技术和经验，知道什么样的技术在城镇是最需要的，进入城镇会遇到什么问题，所以向他们学习是最有效率的。

3. 通过电视学校或网络学校的培训，获得知识。我们所处的时代是信息时代，网络、电视和广播给人们带来了大量的信息，是现代人们获得知识和技能的重要途径。目前国家通过远程教育开设了上百个可供选择的专业，越来越成为当代农村青年获得进城务工知识与技能的重要途径。

具体选择哪种培训方式，你应根据自己的文化基础、就业去向、经济实力和兴趣等综合考虑。学习是一个持之以恒的过程，进城务工之前要学，进城务工之后仍要学习，这样才能不断提高自己的竞争力，使自己更好地适应工作。

【小贴士】

俗话说，“活到老，学到老”。农民工朋友即使在城镇找到合适的工作之后，学习仍不能间断，这样你的职业技能水平才能不断提高，积累的知识才会越丰富，适应社会的能力才越强。除了参加基本技能和技术操作的培训外，农民工朋友还可参加一些其他的培训：

1. 政策、法律法规知识的培训。

如《劳动法》、《劳动合同法》、《职业病防治法》和《治安管理处罚条例》等方面的学习，以增强自身遵纪守法的意识和利用法律保护自身权益的意识。

2. 安全生产常识和公民道德规范培训。

如职业道德、生产安全、城镇生活常识和交通安全及公共道德等，增强务工者适应城市生活的能力，养成良好的公民道德意识。

【案例】

小赵，家住在偏远的山区农村，初中毕业后，由于家庭经济拮据，就选择了来到城里打工。但是他文化程度低又没有一技之长，在城里很难找到合适的工作，只能干送水、送外卖等这种体力活。工作时间长、工资低并且又苦又累，一段时间下来他不得不考虑下一步的出路。

碰巧，小赵听说家乡正在开展“百万青年技能培训”活动，可以免费学一门技术，并且有推荐就业的机会。于是，他马上来到当地的劳动局咨询，并且参加了为期一个月的培训。在培训过程中，小赵非常珍惜这次难得的学习机会，刻苦学习。这次培训不仅使他了解了数控操作技术，学会了一项技能，更重要的是还学到了相关的法律常识，增强了维权意识。最后，他以优秀的成绩毕业，在当地劳动局的推荐下，被某单位聘用，月工资1200元。现在他仍坚持继续学习，下一个目标是争取早日考取职业资格证书。

八、什么是职业资格证书？

职业资格证书是表明劳动者具有某种职业所需的专门知识和技能的证明。它反映了劳动者胜任职业活动的水平，是职业能力的具体体现。是劳动者求职、任职、开业的资格凭证，是用人单位招聘、录用劳动者的主要依据，也是境外就业、对外劳务合作人员办理技能水平公证的有效证件。

国家职业资格证书分为五个等级：初级（五级）、中级（四级）、高级（三级）、技师（二级）和高级技师（一级），一般由各级劳动部门颁发。

想要办理职业资格证书，首先要到当地的职业技能鉴定所（站）进行申请，然后进行考核，只有在经过考核合格后，才能获得职业资格证书。

目前，我国已经基本建立了社会化的培训与资格认证体制。截至2002年底，全国共有职业技能鉴定机构8517个，职业技能鉴定考评人员17.5万人。有资格和能力的企业、厂矿、学校经劳动行政管理部门的严格审查后，可以获得认证资格。任何符合条件的个人均可自主申请参加职业技能鉴定。

【小贴士】

从事特种作业的，还需要经过考试取得“特种作业人员操作证”。

国家规定的特种作业范围包括以下十类：（1）电工作业；（2）锅炉司炉；（3）压力容器操作；（4）起重机械作业；（5）爆破作业；（6）金属焊接（气割）作业；（7）煤矿井下瓦斯检验；（8）机动车辆驾驶；（9）机动船舶驾驶、轮机操作；（10）建筑登高架设作业。

九、如何申请职业技能鉴定？

◆个人申报职业鉴定

首先要根据所申报职业的资格条件，确定自己申报鉴定的等级。然后按照公布的鉴定内容、报名时间、地点，向相应的职业技能鉴定中心指定或委托的鉴定机构或单位报名，填写“职业技能鉴定考生登记表”，由鉴定机构按职业（工种）、等级分别汇总填写“申报职业技能鉴定人员花名册”。如果需要培训，要到经政府有关部门批准的培训机构参加培训。

申报职业资格鉴定时要准备好照片，身份证以及个人简历，参加正规培训的必须有培训机构证明，工作年限必须有本人所在单位的证明，经鉴定机构审查符合要求的，由鉴定单位颁发准考证。

◆单位申报鉴定

单位申报鉴定的须提前15个工作日向当地的职业技能鉴定中心集体报名，提交“职业技能鉴定申请表”和“申报职业技能鉴定人员花名册”，然后由鉴定中心根据实际情况，向有关鉴定所下达“职业技能鉴定任务通知书”。

十、哪些工种必须得持有职业资格证书？

中华人民共和国劳动和社会保障部令（第6号）《招用技术工种从业人员规定》中规定以下90个工种在就业、从业时必须持有职业资格证书。

1. 生产、运输设备操作人员。

2. 车工、铣工、磨工、镗工、组合机床操作工、加工中心操作工、铸造工、锻造工、焊工、涂装工、装配钳工、金属热处理工、冷作钣金工、工具钳工、锅炉设备装配工、电机装配工、高低压电器装配工、电子仪器仪表装配工、电工仪器仪表装配工、机修钳工、汽车修理工、摩托车维修工、锅炉设备安装工、变电设备安装工、维修电工、精密仪器仪表修理工、计算机维修工、手工木工、精细木工、音响调音员、贵金属首饰手工制作工、土石方机械操作工、砌筑工、混凝土工、架子工、防水工、钢筋工、装饰维修工、电气设备安装工、管工、汽车驾驶员、起重装卸机械操作工、化学检验工、食品检验工、纺织纤维检验工、贵金属首饰钻石宝玉石检验员、防腐蚀工。

3. 动物疫病防治员、动物检疫检验员、沼气生产工。

4. 商业、服务人员。

5. 农林牧渔水利业生产人员。

6. 办事人员和有关人员。

7. 营业员、营销师（推销员）、出版物发行员、中药购销员、鉴定估价师、医药商品购销员、中药调剂员、冷藏工、中式烹调师、中式面点师、西式烹调师、西式面点师、调酒师、营养配餐员、客房服务员、保健按摩师、餐厅服务员、前厅服务员、职业指导员、物业管理师、锅炉操作工、眼镜验光员、眼镜定配工美容师、美发师、摄影师、家用电子产品维修工、家用电器产品维修工、照相器材维修工、钟表维修工、办公设备维修工、家政服务员、保育员、养老护理员。

8. 秘书、公关员、计算机操作员、话务员、制图员、用户通信终端维修员。

十一、外出打工对普通话的要求如何?

统计资料显示，一些农民工坦言不愿开口说话，怕自己的口音受到城里人的歧视。农民在进城务工之前，普通话发音“不标准”和“很不标准”的占40%左右，70%左右的农民工对普通话运用不熟练。在进城务工之后，他们使用普通话的频率和水平都有较大提高，近60%能够熟练运用普通话。大部分农民工主要通过“社会交往”的途径学习普通话，参加过普通话培训班的只有2.35%。

在我国农村，人们主要交际工具以汉语方言为主（在一些少数民族地区以少数民族语言为主)，使用普通话的比例较低。大量的事实证明，不会说普通话是农村富余劳动力向城镇转移的一道门槛。对于北方农村的人来说，普通话一般不会成为外出打工的障碍。但是在南方以及一些偏远地区的农民朋友，自己家乡的方言与普通话相差甚远，并且自己的口音又重。那么就得必须在进城之前学好普通话，否则你在陌生的城市里将寸步难行。

十二、如何选择外出打工的地点?

1. 可以致富的工作地点。需要提前了解进城务工地的经济发展水平、收入和消费等情况。不但要知道自己打算从事的工作一年能挣多少钱，而且还必须清楚在该地一年必需的生活开支是多少。因为你打工后的纯收入等于你的毛收入减去你的生活开支。然后根据收入的多少作进一步的选择，选择纯收入较高的几个地方作为进一步选择的对象。

2. 有发展空间的工作地点。优先考虑那些能够发挥你特长或技能的地方。如果你没有什么特长和技能，那么就看看哪些地方有你能干得了的工作。

3. 可以提高自身素质的工作地点。外出打工的农民朋友不能仅仅考虑眼前能挣多少钱，还要考虑在工作中能否学到更多的东西。只有不断提高自己工作素质，才能挣到更多的钱。

【小贴士】

说到选择打工地点，人们往往会想到去外地。实际上，有些本地的企业也能提供较多较好的务工机会，并且在本地的城镇务工，还有许多在外地打工所没有的好处和便利，比如环境熟悉、节省路费、生活方便等。如果你选择到外地打工，就要先了解务工地招用外地人员的情况，并对务工地的就业机会进行调查分析。

【链接】

是选择到大城市还是到小城镇打工？

一般来说，城市越大，它能容纳的就业人数就越多，所提供的就业机会也就越多。城市越大，其改建、扩建工程，道路、桥梁、住宅及其他建设工程比中小城镇要多，这就为从事建筑业的进城务工者提供了广阔的就业空间。大城市经济发达、流动人口多，相对来讲许多在中小城镇没办法做的生意，在大城市却能财源广进。因此，大城市的就业机会比中小城镇要多。不仅如此，大城市工作的种类繁多、层次分明，各类服务业发达，从简单的体力劳动到复杂的脑力劳动，只要务工者有一技之长，在哪里都有合适的位置。

但是我们也必须意识到，在大城市找工作并不是一帆风顺的。大城市就业机会多，但进入大城市的打工人员也多，就业竞争压力也大，同一个工作往往有好多人同时去应聘。劳动力供大于求，用人单位会提高对劳动力素质的要求。况且大城市居住拥挤，房价高，各种生活花费也比较大。这些都成为进城务工者顺利就业的障碍。因此，如果大城市的务工人数已趋于饱和，就不能说城市越大，就业机会就越多。相反，一些新兴的工业城市或沿海开放城市，虽然城市不大，但因其经济发达，务工机会相应也就多些。所以，不能绝对地认为城市越大工作就越好找，只有不断提高自身的素质，才能提高在大城市就业竞争的能力。

在了解了务工地的就业信息并对其进行相关分析之后，你就可以选择其中的两至三个务工地，采用考察体验法或征求意见法进行决策。考察体验法是指你直接到务工地了解相关情况，或从事短期职业亲身感受一下。征求意见法是指向你的家人或亲朋好友等征求意见，或者到当地劳动就业管理机构和劳动力市场进行咨询。

十三、如何出国务工？

1. 怎样获得出国劳务信息？

通常情况下，农民朋友可以从电视、网络、广播、报纸等媒体获得各种招收出国劳务人员的信息，也可以从经营公司获得信息。

2. 如何选择外派公司？

首先要了解招聘务工人员的公司是否具有商务部批准的外派劳务经营资格，凡是经过商务部批准的公司统称为经营公司。

为避免上当受骗，你也可以通过以下几个途径了解相关信息：

（1）向当地政府的商务厅（局）的外经处了解；

（2）向中国对外承包工程商会外派劳务人员投诉机构了解。

（3）在商务部网站查询。另外，有些单位、部门或者企业是受经营公司的委托招收出国劳务人员，那么就需要了解清楚委托他们的经营公司的相关情况。

3. 报名前应该了解哪些情况？

（1）要了解所去国家和地区、经营公司和外国雇主的名称；

（2）做什么工作、每天工作时间、每月或每周工作天数、有没有试用期、工作期限；

（3）报酬待遇：包括月基本工资、超时和节假日加班费、工资和加班费发放方法等。一般情况下，外国雇主会直接将工资支付给劳动者，或者存入劳动者的银行账户，或者通过经营公司转交给劳动者。

（4）要求经营公司出示“对外经济合作经营资格证书”复印件、与雇主签订的合同。如由受经营公司委托的代理单位招人，您可要求其提供经营公司的委托书和外经贸部颁发的“对外经济合作经营资格证书”复印件以及出示经营公司与雇主签订的合同复印件。

4. 出国前需要支付哪些费用?

出国前，劳动者需要自己负担的费用有：

(1) 体检费：体检可以自己到县级以上医院进行，也可统一由经营公司组织进行。费用按医院实际收取支付，并留下收据；

(2) 培训费：根据培训时间的长短一般在150~600元人民币之间（包括教材费和外派劳务培训证合格证费）不等，培训费由外出务工人员直接支付给培训中心，也可以交给经营公司。培训由经营公司组织，在经过国家批准的、有培训资格的外派劳务培训中心进行。培训期至少为48个课时。

(3) 护照、签证费：按规定支付；

(4) 机场建设费：按国家规定支付；

(5) 打预防针：按防疫部门实际收取支付；

(6) 外出务工人员与派遣公司所签合同的公证费，按收据金额支付。

5. 为什么要参加培训?

培训能帮助外出务工人员进一步了解有关国家的情况，了解出国工作的基本权利和义务，帮助外出务工者更快地适应国外工作以及提高工作技能。没有“外派劳务人员培训合格证”的农民朋友，不能被派往国外务工。

6. 在与经营公司和雇主签订合同时应该注意哪些问题?

外出打工人员和经营公司签订的合同叫做外派劳务合同，和外国雇主签订的合同叫做雇佣合同。这两份合同的内容一定要和经营公司与外国雇主签订的对外劳务合作合同的内容基本一致。

要特别注意，不要同没有提供经营公司的委托书复印件、经营公司与外国雇主签订的合同复印件的代理单位签订外派劳务合同。在签订合同时，要特别注意合同中有没有下列必须的内容：职业工种、工作地点、劳动条件、工作时间、劳动报酬、休息休假、交通、生活条件、合同变更及解除劳动合同条件、违反劳动合同应承担的责任、女工和特殊工种劳动保护条件、工伤事故处理、纠纷和争议处理等等。出国后，外国雇主除支付务工人员工资和加班费外，一般情况下，还负担以下费用：住宿、煤气和水电费、伙食、上下班交通费、所得税、医疗保险（有的国家如日本，牙病不在医疗保险之内）和人身伤亡保险、出国和回国的机票、劳动保护用品以及雇主向当地政府交纳的保证金等等。重点国家的出国和回国机票的支付按照对外承包工程商会的重点国家协调办法规定执行，其他国家的则按照合同执行。

需要提醒的是，外出打工人员必须保存好所签订的每一份合同，一旦出现纠纷，它将是维护自己的合法权益的重要法律依据。

7. 为什么要交纳履约保证金和服务费？

根据国家规定，在外出打工人员和经营公司签订外派劳务合同或其他形式的协议中，还有要交纳履约保证金和服务费的一些条款。

履约保证金是务工人员一定要按外派劳务合同和雇佣合同的规定在国外工作的押金。履约保证金由务工人员直接交给派其出国的经营公司的，经营公司将出具一张收据。在务工人员履行完劳务合同回国后，经营公司凭其提交的收据将履约保证金的本息（按其在外劳务期间活期存款利息计）如数返还。如果务工人员没按合同履行完义务，则无权要求退还保证金。服务费是经营公司和外出打工人员所在单位为其出国劳务提供的组织和管理服务所产生的费用。

根据国家规定，履约保证金不能超过外出打工人员在国外工作期间内得到的所有合同工资（不包括加班费）的20%。如果务工人员与国内工作单位保持劳动合同关系，服务费不能超过其在国外工作期间得到的所有合同工资的25%；如果务工人员无工作单位或在派出期间与原单位脱离劳动合同关系，那么服务费不能超过其在国外工作期间得到的所有合同工资的12.5%。

8. 出国手续都包括哪些？怎样办理？

出国手续包括国内手续和国外手续：

国内手续主要包括签证、护照、培训证、出境证明等，有些国家和地区还要求打防疫针，以免得传染病；有些国家须在批准入境前先办理个人资料公证，这些手续一般由经营公司统一办理。办理这些手续需要外出打工人员提供的材料主要有：身份证、户口簿、学历证书、照片等等。

国外手续主要包括入境许可、工作准证等，由外国雇主负责办理。办好上述手续后，农民朋友就可以出国工作了。如果由于经营公司或外方雇主的原因不能派你出去，那么经营公司就要退还相应的履约保证金和服务费。如果由于务工人员的个人原因或不可抗力的因素造成不能出国的，出国手续费则不予退还。

9. 在国外工作应注意哪些问题?

在国外工作期间，务工人员必须严格执行合同，遵守当地的法律法规，尊重当地人民的生活习惯；不要擅自脱离工作岗位，不要在为雇主工作的同时再为其他雇主打工，也不要去赌博场所或者色情场所。脱离原工作岗位到别的地方工作，在国外叫做“打黑工”或“自由工”，是一种违法行为。履约期满后务工人员则必须回国。如果在国外工作期间雇主企业倒闭或者破产，合同中止执行，务工人员也必须回国。回国后可以要求退还履约保证金和按比例退还管理费，其他损失也可以根据合同进行追讨。

10. 在国外工作遇到困难怎么办?

在国外工作时，难免会遇到一些问题。比如，雇主没有按照合同提供生活设施、拖欠工资及加班费，甚至遭受欺负打骂等；还可能遭遇伤亡或者自然灾害等紧急事件。当发生上述情况时，务工人员可以通过如下途径保护自己的合法权益。

（1）如果和雇主之间产生了矛盾，可以根据和雇主签订的雇佣合同与雇主进行交涉，也可以向当地的有关部门反映，或向经营公司及经营公司在当地的代表反映，由他们根据和雇主签订的对外劳务合作合同与雇主进行交涉，或参与共同协商解决问题。

（2）如果与经营公司之间产生问题和纠纷，要根据双方签订的外派劳务合同协商解决，或按照国内的法律法规和政策，通过法律程序解决。

（3）通过自己或者经营公司均无法解决的重大问题，务工人员可以向我驻在国大使（领）馆或者代表机构反映问题，寻求帮助或者进行咨询。

(4) 当发生自然灾害、战争等紧急情况时，经营公司和使馆会主动给在外务工人员提供帮助，尽力保证大家的生命财产安全。

十四、外出打工后原来承包的土地该怎么办？

土地不仅是农民的生产资料，也是他们的生活保障。根据国务院《关于解决农民工问题的若干意见》，不得以农民进城务工为由收回承包地。

农民在外出务工期间，所承包土地本人无力耕种的，如果没有其他家人或亲戚朋友耕种，可通过出租、转包、转让等形式流转土地经营权。将土地转包时，双方应签订书面合同，并向发包方（村委会）备案，避免今后可能发生的一些不必要的纠纷。但是不能撂荒不管，我国土地法明确规定不能撂荒土地，因进城务工而使承包的土地撂荒，属于违法行为。农民工土地承包经营权流转，要坚持依法、自愿、有偿的原则，任何组织和个人不得强制或限制，也不得截留、扣缴或以其他方式侵占土地流转收益。如果不想转给其他人耕种，可以到当地乡一级政府，按规定程序把土地交回村集体。

十五、外出打工后留守孩子的教育怎么办？

目前，外出务工成了多数农民的主要经济收入来源。家长外出打工，那么照看孩子就成为了问题。如果家里有人照顾孩子，最好还是让孩子在家乡接受教育。在城镇，农民工的孩子上学比较困难，且花费较大，这对一般的务工者有一定压力。

据调查，目前在农村学校的留守孩子占到了27%左右。由于父母长期不在身边，代管人大多属于隔代教育，监管孩子的祖辈们大多年老体弱，文化程度偏低，往往只负责孩子吃饱穿暖，与孩子思想上缺乏沟通交流，不太过问孩子的学习成绩和思想动向，无法对留守孩子在思想上和学习上进行教育，而且对留守孩子放任自流甚至娇纵溺爱，缺乏必要的家庭教育和督促，严重影响了留守孩子的健康成长。

留守儿童正处在情感、性格变化的转折时期，长期与父母分离，缺少家庭温暖使他们在生理上和心理上的需要得不到满足。面对复杂的社会，留守孩子最容易受到污染和伤害。调查发现，留守孩子由于生活在一个特殊的成长环境里，所以出现了一系列的“留守综合症”。一些留守孩子生活习惯差，生活、学习散漫，情绪低落且波动大，自我封闭，爱撒谎，脾气暴躁，性格孤僻，自卑感重，逃学、泡网吧、打架、斗殴等现象发生，其道德教育令人担忧。

外出务工的家长应充分重视留守孩子的教育，可以通过以下几方面的途径：

(1) 及时与监管人进行沟通。父母将孩子委托给监管人后，不能不管不问，只是在经济上给予支持，而是应该和监管人一起，密切关注留守孩子的思想、行为，及时和监管人一起教育孩子，养成其良好的生活习惯和学习习惯，培养孩子自信、自强、自立的性格，加强思想修养。

(2) 多和孩子进行思想交流。外出务工的父母要经常给孩子打打电话、发发短信，关心爱护孩子的成长。用谈心的口吻交流，循循善诱地教育孩子。也可以用电脑等现代通讯工具与孩子多交流；同时经常给孩子买一些益智的图书，通过阅读积极向上的书籍来教育和影响孩子。

(3) 多与留守孩子的老师进行交流。外出务工父母要和留守孩子的班主任、任课教师密切沟通联系，了解孩子在学校的思想和学习状况，积极探讨教育孩子的方法，特别是让老师多关心和爱护孩子，让孩子有一种父母虽不在身边，却仍能得到父母之爱的安全感。

留守孩子的教育问题，是新时期的一个新问题，关系到家庭的幸福、国家的未来。家庭、学校和社会要共同行动起来，让留守的花朵绽放出美丽的光芒。

十六、如何选好进城务工的时间？

1. 当意向不明的情况下不要行动。进城务工首先要对进城务工地的基本情况有大体的了解，同时，自己想从事的职业在务工地要有招工需求，不能盲目外出。

2. 避开交通拥挤期。交通拥挤期出行十分不便，例如春节期间出行，将面临购票难、人多拥挤、座位少等问题，甚至滞留在途中，遇到麻烦等等。

3. 心情愉快的时候再出发。外出打工前要妥善安排好家里的各项事务，争取做到无后顾之忧。进城务工时要保持愉快的心情，这样可以帮助你克服生活中的不便以及环境不熟等困难，从而减少精神上的压力。

十七、外出打工的旅途中应该注意些什么？

1. 保管好自己的钱和箱包。旅途中情况复杂，难免会遇到小偷或者骗子。上车后应将行李尽量放在自己能看得见的行李架上，防止别人错拿或被不法分子盗窃。因此钱最好分开存放，数目较大的放在贴身的地方，留少量零用钱放在外衣口袋，千万不要全都放在背包或者后裤兜里，以免小偷偷走；不要将装有钱包、手机的衣服、小提包挂在衣帽钩上或放在车窗周围和茶几上，手机随身携带时不要暴露在外，防止被不法分子扒窃或抢夺；不要轻易在众人面前掏钱或者数钱，以免被坏人盯上；随身携带的箱包也要保管好，暂时离开时最好请旁边信得过的人帮忙看管；旅行中不要把自己的行李物品交给不认识的人看管，防止不法分子见财起意、顺手牵羊；旅行途中，特别是乘坐硬座车的旅客，夜间应关闭好车窗，不要睡觉，如两人或多人同行可以轮换着休息，相互照应看好行李，防止不法分子乘你睡觉之机盗取财物。

2. 注意饮食卫生。路上最好吃一些清淡的、容易消化的食物。不要吃过期变质的食品，以免发生食物中毒；不要酗酒；要随身带一些治疗感冒、止泻、治晕车呕吐的药，以防旅途中生病，不能得到及时的救治；建议不要随意购买非列车工作人员出售的食品，防止食物霉烂变质引起中毒。

3. 控制好奇心、不乱凑热闹。在旅途中不要和不三不四的人凑热闹，特别要注意不要围观。不随便吃陌生人送来的东西，不要轻易接受你还不熟悉的人递的饮料、香烟等，防止不法分子趁机实施麻醉抢劫。女性外出务工人员，不要轻易听信陌生人的花言巧语，不要随便跟不认识的人走。和对方交谈时，要从对方的言谈举止中分析对方的诚意，小心上当受骗。在与不相识的人攀谈、聊天时，不要把自己的手机号码、家庭住址、家中电话轻易告诉他人，防止不法分子以老乡为名编造“某某在外遇车祸，突发重病住院”等谎言从您的家中骗取钱财。

4. 讲礼貌、懂宽容。在旅途中要注意礼貌、礼节，保持宽容、轻松的心态。与他人友好相处，不要与他人发生冲突，以免带来不必要的麻烦。如果无意中伤害到他人或者给他人造成麻烦的，要及时道歉。在上下车或人员拥挤的时候，一定要遵守秩序，随身带好自己的钱包和手机，防止小偷扒窃作案。

5. 中途换车不要远离车站。旅途中如果需要换车，不要离开车站太远，最好选择在车站休息，到了该上车的时候还回不来，就会耽误旅程的安排。火车票要到铁路部门指定的售票点购买，不要从私人或向您私下兜售者那里购买；一旦发现自己购买了假车票、高价车票，或者发现财物被盗、被骗、被抢及其他可疑情况，应迅速向车站民警或列车乘警报告，以便铁路公安为您及时开展调查取证。

十八、乘坐火车时需要注意些什么?

乘坐火车首先需要做的是购买火车票。进站上车时，要走指定的车站检票口，接受车站工作人员的检票。当需要通过地下通道和天桥时，不要为了方便省事而从列车底部穿行。

当列车进站时，不要越过站台边缘的白色安全线。列车进站时速度快，而且风力大，如果站得太近，就有可能被卷到站台下。在列车尚未停稳时，不要忙着往车上挤，更不要爬车窗。当列车停稳时，应该在列车工作人员的指导下，有秩序地依次上车。列车开动时，不要与车外送行的亲人朋友握手或者递东西。在列车运行过程中，不要把头或手伸到窗外，不能把杂物扔到车外，以免发生危险。

随身携带的行李，应该在行李架上放好，以免列车震动时掉下来砸伤他人。可以将一些无法放牢固的行李，放到座位下面。在列车上要注意饮食卫生，注意保管好自己的财物。不要带易燃易爆等危险品上车。

如果上车前没有来得及购买火车票，一定要在上车后及时补票。否则，在出站检票时一旦被发现是无票乘车，就会被处以全程车票票款3倍的罚款。

十九、如何用火车托运行李？

火车托运行李的范围：旅客自用的被褥、衣服、书籍和其他旅行必需品；在火车托运中不能夹带货币、证券、珍贵文物、金银珠宝、手表、照相机等贵重物品、档案材料和危险品。

火车托运行李每件的最大重为50千克，体积以能够装入行李车为限，但不得小于0.01立方米，行李托运应随旅客所乘列车运送或提前运送。

火车托运分快件和慢件两种。快件是随自己所乘坐的列车或到达时间与这趟列车最接近的同一路线的其他列车运走的行李。火车托运快件托运速度快，人到行李就到了，不影响自己的使用。但是托运的费用也相对较高些，一些急需的又不是太重的物品，适合于火车托运快件。慢件是按照列车货物运输的程序，通过列车的合理编组，在一定日期内将物品运到目的地的一种托运方式。火车托运慢件的一个突出特点就是价格比较低，火车托运慢件运量可以很大，但火车托运慢件运输的时间难以把握。如果有大件而又不是急需的物品，可以选择火车托运慢件。

行李托运必须要包装完善，捆扎牢固，锁扣完好，能承受一定的压力，能够在正常的操作条件下安全地装卸和运输，并应符合下列条件：（1）行李托运单上应写明旅客的姓名、详细地址、电话号码。（2）托运的旅行箱、手提包和旅行袋等必须加锁；（3）托运两件以上行李的包件不能捆为一件；(4) 被托运的行李不应附插其他物品；(5) 竹篮、草绳、草袋、网兜不能作为行李托运的外包装物。

在火车站行李托运处办理托运手续时，要带好本人的有效车票及必要的身份证明，首先将所托运的物品交给火车站行李托运工作人员检查，然后按照火车站行李托运有关要求进行包装。切记不能在行李中夹带易燃、易爆和易腐蚀的危险品。

【小贴士】

一定要到铁路部门开设的准确地点去办理火车站行李托运手续，不能交给他人代为办理。特别是不要交给那些看似热情的火车站行李托运“代办人”，他们中有些人是打着火车站行李托运服务的幌子，从中骗取钱财的。

二十、乘坐长途汽车时需要注意什么？

长途汽车站不像火车站那样有固定的站台及较多的安全管理人员，车站上纵横行驶的车辆较多，应该按车站规定的乘车方法进站上车。乘客在上下车时，不要从车前车后突然跳出，或者任意在长途汽车站的停车场里扒车或者拦车。

【小贴士】

不携带易燃、易爆等危险品上车；不要乘坐超载的汽车；乘车时，不能将头、手等伸出车窗外边；不能坐到汽车顶部的行李架上；不要与司机聊天；不要在车厢内吸烟；在汽车还没有停稳时，不要急于从正在行驶的汽车上跳下，以免发生意外。遇到路况不好时，不要惊慌，要听从司机或乘务员的指挥。

二十一、乘坐轮船时需要注意什么？

在买好到达目的地的船票后，按照票面所指定的船只、航次、日期乘船。按照规定，乘船时严禁携带易燃易爆品。此外也不能携带易腐蚀的液体物品，因为船在航行时晃动幅度较大，若遇到晃动、碰撞或其他因素，容易发生液体物品渗漏等现象，会危及轮船及其他旅客的财产安全。另外注意一定不要乘坐超载的轮船。

上船后，要按照票面所规定的舱位和地点休息及存放行李，随身携带的行李不能乱放，尤其不能放在堵塞通道或者靠近水源的地方。船上的救生、消防设施都有明确的标志，并且放在人们易于拿到的地方，这些物品的使用与管理都有一定规范。乘坐轮船时不要随意挪动它们，更不可用来打闹和玩耍。轮船在夜间航行时，不要用手电筒向水面、岸上或其他船只乱照，以免被驾驶员误认为是船只的航行信号，引起其他船只或导航人员的误会而发生意外。

当轮船到达目的地后，轮船在靠近码头时，一般需要一个停靠的过程。这时不要急于下船，要服从工作人员的指挥，遵守秩序，不要过于集中在船的某一侧，以免导致船体倾斜等危险，也不要一窝蜂地涌上岸。

二十二、晕车晕船有哪些简单的防治方法?

晕车晕船一般为恶心、头痛、头晕、呕吐等，是旅行中常见的现象。

以下几种简单的措施可以防止或减轻晕车晕船情况的发生：用风油精涂擦太阳穴；服用胃复安、乘晕宁等药；也可在肚脐上贴一贴伤湿止痛膏；不宜过饥、过饱，可吃七八分饱；不宜吃不易消化、油腻食物；将鲜姜切片，装于小塑料袋内随身携带，乘车（船）时随时放于鼻下闻，也可将鲜姜片固定于肚脐上等。

此外，在旅途中应该尽量做到以下几点：

（1）保证睡眠充足。旅行前要有足够的睡眠，保持良好的精神状态，这样有助于提高身体对运动刺激的抵抗能力。

（2）不要看窗外飞驰而过的景物，不要看书、杂志等，不要玩扑克，最好闭目养神。

（3）放松精神。乘车乘船时不要紧张，不要总想着会晕。可做点其他事情来分散注意力。

二十三、到达务工地点后，需要办理的证件有哪些？

(1) 暂住证；

(2) 育龄妇女还必须办理外来人员婚育证或暂住人口计划生育证；

(3) 外来人员就业证。

当办完这些证件手续后，除了居民身份证要随身携带外，其他有效证件最好能放在一个固定的地方妥善保管，以免丢失。

二十四、在务工的城镇如何办理相关证件手续？

1. 办理暂住证。到管辖居住地的公安派出所及时申请办理暂住证。首先需要提交以下证件或证明材料：有效居民身份证、育龄妇女应提交流动人口婚育证明及1寸免冠照片3张。

暂住证需要随身携带，以便查验；暂住证具有一定的有效期，当居住超过有效期时，应提前一周换领；暂住证禁止转让、转借、涂改或伪造，违者依法处罚；如要离开务工城镇，在办理注销登记的同时，要交回暂住证。

2. 办理外来人员婚育证（或暂住人口计划生育证）。首先需要凭家乡的乡（镇）一级人民政府开据的流动人口婚育证明，到务工居住地的乡（镇）人民政府或街道办事处计划生育办公室登记，经审查后就可以领取外来人员婚育证。

3. 外来人员就业证。外来人员就业证由用人单位来办理，不需要务工者自己办理。务工者只需要提供：有效身份证件、暂住证、外出人员就业登记卡、育龄妇女需暂住地计划生育部门核发的外来人员婚育证。

外来人员就业证的有效期限最长为一年，同时必须按规定进行注册和变更登记。外来人员就业证需要由发证机关进行年度注册，过期未进行年度注册的，外来人员就业证视为无效。外来人员就业证登记需要变更的，用人单位应该及时到发证机关办理变更登记，过期未进行变更登记的，或登记事项与持证人实际情况不符的，外来人员就业证同样视为无效。如果不慎丢失外来人员就业证，应及时告诉务工单位，务工者个人需缴纳一定的手续费和证件工本费，务工单位重新申请补办。

二十五、什么叫暂住证？来北京务工如何使用暂住证？

暂住证是外地来京人员在此临时居住的合法身份证明；外地来京人员到达北京后，应在三日内到其暂住地派出所申报暂住登记。其中，年满 16 周岁，在北京暂住时间拟超过一个月的或者拟在北京从事务工、经商等活动的外地来京人员，应当在办理暂住登记的同时申领暂住证。

1. 暂住在本市居民或者农民户内的人员，由户主带领或者由本人持户主的户口簿，向暂住地派出所申报暂住登记、申领暂住证。

2. 暂住在出租房内的人员，由房主带领或者由本人持房主的户口簿和房屋租赁许可证、房屋租赁安全合格证，向暂住地派出所申报暂住登记、申领暂住证。

3. 暂住在机关、团体、部队、企业、事业单位和建筑工地、工棚内的人员，由留住单位向暂住地派出所申报暂住登记、申领暂住证。

4. 暂住在宾馆、饭店、招待所等的人员，由店方进行住宿登记；对其中应当申领暂住证的人员，由店方向公安机关申领暂住证。

要办理暂住证的，需持以下证件和证明材料到暂住地的派出所办理相关手续：

（1）居民身份证或者原籍乡以上人民政府或者公安机关出具的身份证明；

（2）暂住在本市居（农）户内或出租房内的，应提交户（房）主的户口簿或身份证（复印件即可），证件地址与暂住人口实际居住地址不一致的，户（房）主应注明办证人实际居住的详细地址。

（3）本人近期一寸正面免冠黑白照片 3 张。

对证件和证明材料齐全、符合条件的外地来京人员，暂住地派出所应当场办结，发给证件。

暂住证的有效期最长为一年，逾期作废。有效期将满的，应当在期满前十日内到暂住地派出所重新办理暂住证。外地来京人员在暂住证有效期内变更暂住地址的，应当持暂住证到原发证机关办理迁出登记，并向新暂住地派出所办理迁入登记。外地来京人员离开本市，应当向暂住地派出所办理注销登记；已领取暂住证的，应当将暂住证交回派出所。外地来京人员遗失暂住证的，应当及时向暂住地派出所申报重新补办。

二十六、怎样办理居住证？

目前，居住证制度是户籍制度改革的内容之一。广东省实施以居住证制度为核心内容的流动人口服务管理制度，就是在全省范围内推行居住证制度，取代暂住证制度。实现居住证全省通用、一证多能，使流动人口逐步享受更多更好的公共服务，增强流动人口的归属感，促进社会和谐。持有居住证者，在工作、生活等方面可享受当地居民的待遇。

◆ 办理有效期最长为 6 个月的居住证时，所需提交的材料：

(1) 填好的“广东省居住证办理/ 流动人口信息登记表”；

(2) 办证人居民身份证或者其他有效身份证明原件及复印件；

(3) 办证人在具有第二代居民身份证照相资质的照相馆拍摄居住证数码相片后取得的照相回执；

(4) 各地级以上市人民政府规定的其他资料；

(5) 在全省范围内非首次领取的，须出示补领、换领居住证工本费缴纳凭证。

◆ 办理有效期最长为 3 年的居住证的，除提交上述材料外，还需提交下列材料之一：

(1) 以经商为由申请办理的，办证人需提供营业执照或相关政府部门出具的证明材料原件及复印件；

(2) 以就业为由申请办理的，办证人员需提供劳动就业登记管理机构出具的就业证明材料原件及复印件；

（3）符合居住地人民政府规定条件的证明材料原件及复印件。

【小贴士】

2010 年 1 月 1 日起，广东省启用居住证制度。流动人口在申领居住证后，便可在居住地参加社保、申领驾照、办理港澳商务签注等。居住证持证人在一地缴纳社保 7 年后，便可申请常住户口。

居住证上面的信息分别是姓名、性别、身份证号、户籍地、居住地等，外观质地很像二代身份证，正面写着“广东省居住证”字样，右上角是二代身份证电子照。居住证期限分“6 个月以下”和“7 个月到 3 年”两种，其有效期一直可以延续。

今后流动人口在广东省内流动，再不用像过去一样每到一地就办一张暂住证，而是只要持居住证到当地公安机关、派出所或者乡镇、街道流动人口服务管理中心登记，办理居住地址变更就可以了。

第二部分 成功求职

成功求职是农民外出打工的重要环节，每一行业和不同工种对从业者都有不同的素质要求。工作没有高低贵贱之分，适合自己的就是好的工作。

也许您为了生计，也许您心中怀着憧憬和梦想来到了陌生的城市。这里的生活丰富多彩，这里也将是您奋斗的战场。未来的日子里，机遇和挑战同在，要想获得幸福生活，需要您做好准备，鼓起勇气和胆量。

一、上哪儿找工作？

要想拥有一份属于自己的工作，首先就得去求职。外出打工一般有以下五条求职途径：

1. 通过劳务中介机构求职。这类职业介绍机构属于非官方中介，是由社会团体、街道社区等举办的职业介绍所或者兼办职业介绍业务，一般是非营利或低收费的服务机构。外出务工人员可就近选择有劳务中介经营资质、规范运作的劳务中介机构，委托中介推荐合适的工作岗位。

2. 通过社会保障部门职业介绍机构介绍。这一类就业服务机构一般是非营利的公益性服务机构，对所有城乡劳动者免费提供政策咨询、就业信息、职业指导、职业介绍等服务。外出务工人员可以在劳务输出地参加政府部门组织的劳务输出，由输出地劳动就业管理机构统一输送到劳务输入地务工。这种外出务工方式的优点是：

信息真实可靠，管理比较规范，工资、待遇比较有保障。有方便的后续服务，例如提供住宿，进行培训，帮助订购春节回家的车票等。

3. 利用劳动力市场或人才市场的招聘信息。劳动力市场和人才市场在固定地点有招聘信息张贴点，给求职者带来更多快速、直观的信息。劳动力市场或人才市场的招聘信息来源丰富，经常举办各类劳动力供需交流会为求职者提供就业信息。信息更新速度较快。

4. 上网求职。网络信息的快速性和即时性使得越来越多的求职者在找工作的时候选择这种方式。网络招聘给求职者和用人单位提供了广阔空间和交流平台。如今的招聘网站非常多，招聘信息比人才市场更加丰富，不仅有需求信息，还有招聘单位的背景及相关情况的介绍。

5. 通过熟识的朋友介绍。这是一种安全性较高的办法。不少农民朋友就是经过亲戚、老乡的介绍找到了工作。广东不少大型工厂中的打工者都来自于几个地方，也多是通过老乡介绍的。

6. 其他途径。比如通过报纸、电台等媒体了解招工信息。

【小贴士】

据统计，目前广东省已在全省 20 个市建立了 200 多个专业镇，遍及珠江三角洲，覆盖了广东省机械、印刷、灯饰、电子、五金、信息、纺织、家电、建材、电声、服装、物流、陶瓷、石材、工艺美术、种植、果蔬深加工、家具、精细化工、养殖、花卉、茶叶、旅游、摩托车、玩具、鞋业、食品、饲料、音像制品、针织服装等 30 多个产业、产品类别。专业镇经济已成为县域经济的重要支柱和广东最具特色、最具活力的经济新增长点。农民工朋友可根据自身需要及兴趣爱好选择合适的行业及务工地点。

二、如何识别黑中介？

外出打工人员通过劳务中介机构求职时，一定要注意提防黑中介，可以从五个方面来识别黑中介和正规劳务中介：

1. 看场所是否正规。职业介绍机构应当具有相对固定的经营场所，而非临时租借的简陋场所。

2. 看证件执照是否齐全。经有关部门批准的职业中介机构均有当地人力资源和社会保障部门颁发的职业介绍许可证，营利性职业中介机构还应具有工商部门颁发的工商营业执照。

3. 看墙上是否贴有证件执照。职业介绍机构的合法证照、批准证书等均应在服务场所进行明示。特别注意的是，复印件无效。

4. 看收费是否明示。职业介绍机构的收费项目应具有物价部门颁发的收费许可证，并将收费项目和收费标准进行明示。

5. 看发票是否正式。职业介绍机构收取中介费用时，应当开具税务部门监制的发票。

三、进城务工有哪些类型?

农民外出打工的类型多种多样，大体上可以归纳为以下几类：

1. 技术工。即包括工厂、建筑工地等领域从事的具有一技之长的工作，如焊工、瓦工、木工、电工、管工、车工等生产领域的技术工人。

2. 个体劳动者。如开报亭、特色小吃店、从事家电修理、裱糊字画、雕刻等。

3. 简单劳动职业者。如一般企业的体力劳动者、各类服务人员、清洁工、洗衣工、保安人员、搬运工等。

随着农民进城就业有关政策和条件的完善，农民进城务工的类型正在朝着长期工和有一定技能的方向发展，农民工可以从事的职业也会更加广泛。

四、找工作应该注意哪些问题?

找工作需要考虑的因素很多，具体需要注意以下情况：

1. 了解你想从事的工作是不是已经人满为患。如果有许多人都要从事这种工作，在这个行业或职业上劳动力的供给远远大于需求，那么由于竞争激烈，即使你费了很大的力气，也很可能得不到这个工作。

2. 注意所选的行业有些什么规范。许多行业有自己的行业用语、工作习惯和一些行业忌讳，不了解这些的话就可能成为就业的障碍。

3. 懂得国家的有关规定。如果想进城从事个体经营，那么就需要了解如何取得营业资格和营业执照、如何纳税等程序，了解经营范围和经营方式。

4. 选择工作时不要人云亦云。每种行业或工作因为性质的不同，在人们心目中的地位也会不一样，难免有“高、低、贵、贱”之分。找工作时不要受他人评价的影响，无论哪种工作，只要符合自身的条件对自己来说便是好工作。

5. 学会用法律武器保护自己。有少数用人单位采取拖欠工资等手段拒绝支付劳动报酬，骗取劳动力等。所以进城务工的朋友必须熟悉有关的法律法规，学会用法律保护自己，防止受骗。

五、找工作时应避免哪些误区？

1. 这山望着那山高。有些人频繁地换工作，总是觉得别人的工作比自己的好，结果呢导致知识和技能得不到提高，最终被社会所淘汰，因为职业技能的积累只有在相对稳定的工作环境中才能进行。因此，在找工作时要量力而为，从能够胜任的工作做起，一步一个脚印，逐渐积累知识和技能。

2. 挑肥拣瘦。有些人在找工作时，往往想干又怕艰苦，不艰苦的工作又嫌收入低，处于左右两难的状态。实际上不可能存在那么一个既清闲又收入高，人人都可以做的工作。这是由劳动力市场的供求关系决定的。我们应该懂得先苦后甜的道理，明白具有吃苦耐劳的精神是做好任何一项工作的起码条件。从艰苦的、简单的工作做起，等你有了经验、有了资本，就会找到更好的工作。

3. 缺乏自信。有些人总是被自卑的心理所笼罩，看不到自己的优点，明明可以做的工作，却因为害怕自己能力不够而不敢去尝试。这样反而最后失去了很多工作的机会。

4. 对金钱过分迷恋。赚钱是每个进城务工者的最终目的。有些不法分子就利用了人们的这种心理，以高工资、高报酬为诱饵，吸引不知情的人上当，上当者最后非但钱没挣到，有的还走上了犯罪的道路。挣钱要合理合法、取之有道，何况挣钱并不是进城务工的唯一目的，还要考虑自身发展的需要。

上面的想法和行为往往会导致找工作的失败，外出打工的朋友应尽量避免进入这些误区。

六、为什么说不太好找工作?

就业难是每个国家发展中都会面临的一个社会问题，造成我国就业困难的原因是非常复杂的，主要有以下四个方面的因素：

1. 目前科学技术的迅速发展，导致结构性失业现象的加剧。

科学技术的进步引起了产业结构的变化，对劳动力的需求也相应地发生了变化。一些新行业、新岗位代替了原有的老行业、老岗位，原有的劳动者由于知识、技术不能适应新岗位的需要而变成了失业者，同时新型的劳动力又供给不足，于是就形成了所谓一部分事没人干，一部分人没事干的现象。

2. 劳动力市场发育不完善。

劳动力市场处在不断的变化之中，一些企业由于经营不善在解雇或辞退工人，而另一些企业可能由于扩大生产在招聘新的工人。每个时期总会有一些人进入劳动力市场寻找工作，而另一些人在被辞退；一些用人单位一时找不到劳动力，而进城就业的人一时又不知道到哪里去找工作。

3. 需要就业的人口太多。

我国人口基数大，农村有 1.5 亿的富余劳动力，同时城市里有大量的下岗失业人员，这些都是等待就业的人。但是我国每年新增加的就业岗位有限。找工作的人多而就业岗位少，是就业难的客观原因。

4. 企业吸纳劳动力的比例在下降。

国有大中型企业的技术改造使劳动生产率获得了提高，对劳动力的需求量相对减少；大量技术密集型企业的兴起，使劳动密集型企业发展缓慢；近年来乡镇企业发展势头减弱，吸纳富余劳动力的能力也有所下降。

上述的种种原因，使得找工作变得有些困难了。因此外出打工者要珍惜每一个工作机会。

七、找工作有哪些技巧？

同做事情一样，找工作也有许多方法和技巧。很多人找不到工作并不是因为他们没有相应的能力，而是由于他们在找工作过程中没有采用正确的方法和技巧。

所谓正确的方法和技巧，概括起来，主要包括以下三方面：

1. 了解自己。包括了解自己的技能、知识、性格、爱好以及身体状况等。在找工作之前，你必须对自己有个全面的认识，得知道自己适合做哪方面的工作，不适合做哪方面的工作。找工作不能眼高手低，自己明明做不了的工作却偏要做，结果必然会遇到挫折。

2. 了解所选择的职业、行业。了解职业岗位的工作性质、工作内容和对从业者的素质的相关要求。可以向从事这方面工作的人请教，他们经验丰富，能给你提供具有指导意义的信息。他们工作过程中的失败教训，能使你少走许多弯路，而他们的成功经验又是你可以借鉴的。也可以向亲朋好友中做过相关工作的人了解有关情况。

3. 自我推荐。在充分了解了自己和了解了工作的基础上，就可以开始求职了。求职就是寻找和得到工作的过程，通常包括获得用人的信息、面试、签约等环节。找工作就像推销商品一样，要让顾客买你的产品，你必须告诉对方，你的商品有何特点。同样，找工作也要围绕着“我是做好这份工作最合适的人选”这样一个中心来展开。学会推销自己，才会得到用人单位的认可和录用。

八、为什么说要选择适合自己的工作？

现代社会上的职业种类繁多，但并不是每个人都能胜任各种工作。有人看到别人做某种工作做得很好，就觉得自己同样也可以做，但当真正做了之后才会发现原来根本不是那么回事。这主要是由于职业差异和我们个体差异所造成的。

在适合自己的工作环境里工作，状态会很放松，无论做什么事都会得心应手，也很容易出成绩。选择合适自己的工作，可以使你的工作变得轻松而有趣，那么自己掌握的与这个职业相关的知识会越来越多，专业水平也会不断提高，而且很有可能成为同行中的佼佼者。但是，如果一个人选择了不适合自己的工作，就很难在工作中作出成绩。

九、如何判断自己适合什么样的工作?

面对种类繁多的工作，该如何去判断自己适合做哪类工作呢?这需要对自己进行全面地衡量。

1. 看自己具备什么样的能力，是判断自己适合哪种工作的重要标准。

如果你具有烹调的能力，可以做出各式花样的可口菜肴，那么就选择做厨师；如果你的手很灵巧，眼手具有很好的协调性，那么就可以选择制作手工艺品、家电维修等工作。另外，可以通过心理测试来了解自己的性格、兴趣和能力，它是判断自己是否适合某类工作的重要依据之一。

2. 相貌、气质、身高、体力等这些身体的条件也是判断自己适合哪种工作的重要依据。

许多工作对从业者的生理条件都有特定的要求，如保安人员、大宾馆、饭店的服务人员对相貌、身高有特定的要求；色盲的人不能从事与颜色有关的职业，如蔬菜的分级包装、印染、化验等工作；搬家公司对其员工的体力、耐力也有要求；有嗅觉缺陷的人不能从事食品生产、化妆品销售等工作。在了解了自己的生理特点和所找工作对从业者身体条件的要求之后，就可以减少一些不必要的求职失误和工作挫折。

3. 自己喜欢什么工作是判断自己适合哪种工作的重要因素。只有对某项工作产生兴趣，才会使人们自觉地朝着相关的方向努力、积累相关的知识和技能。如果你对某个工作感兴趣，那么干起工作来就会感到其乐无穷。性格也是重要的影响因素，一个脾气急躁的人难以胜任诸如校对、售货等工作；一个少言寡语性格内向的人去从事商品推销工作也是不合适的。

另外，还要考虑工作对知识、技能的要求。有了对自己心理、生理、知识和能力的了解之后，就能大致判断出自己比较合适的工作范围。从而能够帮助自己制定明确的职业目标，有利于轻松地找到合适的工作。

【小贴士】

对于曾经接受过某些职业培训或持有某一行业的职业资格证的农民工朋友来说，当然是优先选择相关的行业。如果有亲戚朋友在城镇从事某一行业的工作，也可以考虑先从该行业做起，有亲戚朋友照顾就可以快速熟悉该行业，上手会比较快。当等到对城镇的生活比较熟悉以后，可以考虑再改行。

十、什么是劳动力市场？

劳动力市场是指在劳动力管理和就业领域中，按照市场规律，自觉运用市场机制调节劳动力供求关系，对劳动力的流动进行合理引导，从而实现对劳动力的合理配置的机构。劳动力市场是市场经济体系的重要组成部分，其涉及劳动者从培训、求职、就业、失业、转业，直至退休的所有过程；还涉及用人单位招聘、给付报酬、提供劳动安全卫生条件、确立福利待遇诸多环节；同时也涉及企业和劳动者之间劳动关系的确立、调整以及终止等相关内容。

我国的劳动力市场由以下几类机构构成：（1）各级人事部门举办的人才交流中心；（2）各类民办的人才交流中心；（3）政府有关部门举办的各类劳动力供需交流会；（4）各级劳动和社会保障部门开办的职业介绍所；（5）各类民办的职业介绍所；（6）社区劳动服务部门；（7）专门的职业介绍网站。

目前，我国的劳动力市场还处在起步阶段，针对农民进城务工的专门服务机构还没有系统形成，所提供的信息还不能满足外出打工农民朋友的就业需要。因此，进城务工的农民除了利用劳动力市场的这些机构外，还要积极寻求其他途径。

十一、在劳动力市场可以获得哪些就业信息？

就业信息是指通过各种媒介传递的有关就业方面的情况。其中包括：

1. 就业政策与劳动法规。这是指国家制定的相关就业和用人原则、方针与方法，体现了一定时期下社会发展的需要，无论是用人单位还是外出打工的农民都必须遵守。

2. 用人信息。这是指用人单位具体的招聘信息。完整的用人信息一般包括三个方面：（1）关于职业的信息，如职业岗位名称，岗位的数量，工作地点与环境，职业性质、工作内容和特点，职业的待遇，发展前途等；（2）应聘条件，如对从业者的知识、能力、年龄、身高、体力、相貌等条件的要求；（3）程序方面的信息，如报名手续、考核内容、面试与录用程序、联系方法等。

3. 就业服务机构。这是提供就业服务的机构以及城镇就业手续办理机构等。

十二、农村劳动力市场的作用是什么？怎样完善农村劳动力市场？

劳动力市场是完整的社会主义市场体系中不可缺少的内容。农村劳动力市场对运用市场机制调节劳动力的供需关系，促进人才流动，合理配置劳动力资源，具有极其重要的作用。

1. 有利于劳动力的合理流动。随着产业结构和产品结构的变化，社会劳动力必然会在各地区、各生产部门之间流动。要做到劳动力的合理流动，除了国家的宏观指导之外，还要有劳动力市场来提供劳动力的供求信息，使劳动力供需双方直接见面。

2. 促使劳动力素质得到提高。劳动者通过劳动力市场，可以了解到劳动力的供求状况，从而推动劳动者不断学习知识和技能，提高自身素质，适应劳动力市场的需求。

完善农村劳动力市场的途径是多方面的，可以通过以下几条途径：

3. 进行宣传教育，增强农民群众的商品经济意识，鼓励他们作为不受土地束缚的自由人进入劳动力市场。

4. 加强劳动力市场的组织功能，使其成为集职业培训、劳务介绍、劳动管理多种功能于一体的服务机构，加快劳动力市场的组织建设和立法工作，为活跃就业市场和提高劳动者的素质，为推动农村劳动力资源的合理配置创造更好的条件。

5. 打破城乡隔离状态，促进城乡劳动力的合理流动。对户籍制度进行相应的改革，改革城乡人口和劳动力的管理制度，允许有条件的农民进城落户。大城市和特大城市在吸纳农业剩余劳动力时应适当控制，县城和小城镇则可放开。另外，积极鼓励具有一定特长，关心农村建设的城市劳动者和科技人员流向农村。

十三、如何对待各种招聘信息？

现代是信息社会，各种媒体报道会为我们提供各种各样的就业信息。那么，该如何对待这些信息呢？

1. 辨别信息。要辨别信息是否有价值那么就要看发布信息的机构是否正规，所发布的内容是否详细，对应聘者的要求是否明确等。有些发布含糊其辞的广告，让报名者邮寄报名费，对于这类就业信息，务工者一定要提高警惕。

2. 整理信息。经过分类比较要把那些不适合的信息去掉，把有用的就业信息按一定顺序排列。以家政服务为主要内容的劳动力市场也只适合女性务工者，面向大学生、研究生的供需见面会，显然不适合进城务工的农村朋友等等。

3. 挑选信息。报刊、电视和广播提供的就业信息较多，但同时前去应聘的人也会很多，竞争激烈；各种职业介绍所和就业中介机构常年为用人单位提供劳动力，他们提供的信息也比较可靠；从亲戚朋友或其他熟人那里也可以获得就业信息，这些熟人一般与用人单位有一定的关系，他们可以告诉你哪里有什么样的工作，这些工作需要用什么样的人，怎样才能适应这些工作，无疑提高了就业成功率。

就业信息是找工作的基础，掌握的信息越广泛，你就越有适应城镇就业和生活的主动权。因此，就业信息的收集要全面、系统，要提高信息的鉴别能力，及时注意信息的变化，这对于外出打工的农民工朋友来说是十分重要的。

十四、为什么不能到劳务黑市场找工作？

进入城镇务工，要想知道用人单位的招工信息，自然会想到去选择劳务市场，但是千万别选择劳务黑市场。

劳务黑市场就是少数打着介绍工作的招牌，浑水摸鱼，骗他人上当的一些非法组织。他们有的是为了骗取财物；有的是为了骗取劳动力；有的是为了骗人骗色。这样的劳务黑市场，不但不能为外出打工者介绍工作，反而会让不少人吃尽苦头。

1. 骗取财物。这些组织利用初到城镇务工人员经验不足的弱点，以介绍工作为由，收取高昂的介绍费，然后给你介绍一份工作，但这些工作要么是待遇极低，要么是条件特差，是务工者不可能接受的条件，归根到底呢就是一种行骗方式。

2. 骗取劳动力。在没有签订任何有效劳动合同的情况下，让务工者从事艰苦的体力劳动，到头来只付非常低的工资，有的甚至根本不给报酬。

3. 骗人骗色。以介绍工作为名，从事拐卖人口等违法犯罪活动。

上述的种种劳务黑市场都属于非法组织，没有正规经营手续，一旦发现上当，是很难找到他们的。因此准备外出务工的农民朋友在找工作之前一定不要到这些黑市场，谨防上当。

十五、职业介绍的一般程序？

城市一般都设有专门的职业介绍机构，叫“职业介绍中心”或“职业介绍所”，也有的叫“劳动力市场”。

职业介绍机构有三种类型：（1）由各级劳动保障部门举办的公

共职业介绍机构，是公益性服务机构，实行免费服务；（2）由其他部门社会团体举办的社会职业介绍机构，属于非营利性的服务机构；（3）由公民个人等开办的职业介绍机构，以营利为目的，收费较高。

农民进城后可以到政府部门举办的公共性职业介绍机构或社会职业介绍机构去求职。程序如下：

1. 办理求职登记。需要提交自己的学历证明、职业资格证书、技能上岗证等材料。

2. 填写求职登记表。可以先向职业介绍机构的工作人员进行政策咨询，接受职业指导后，再填写求职登记表。

3. 推荐就业。职业介绍机构根据用人单位的需求，结合求职者的实际情况，向用人单位推荐求职者。

4. 面试。求职者持职业介绍机构开具的推荐信，到用人单位面试。

十六、如何识破职业介绍中的骗局？

很多求职新人不懂得职场规矩，所以经常在求职过程中上当受骗。一些不法分子变换手法，设置劳务骗局。

1. 用诱人的条件骗取求职者的信任。黑中介往往以保证求职者很快能找到工作，如保证能立刻上岗、高薪急聘等等为诱饵，以骗取求职者的钱财；不少“黑中介”还拿出某公司“急聘”的职位表、自己的身份证明等，其目的就是让你先掏钱。许诺可以找到工资很高的工作，然后收取定金、介绍费和手续费。等到过几天务工者再来找他们时，他们已经卷着钱逃之夭夭了。这些骗子是“打一枪换一个地方”，连他们用的姓名都是假的，几乎没办法找到他们。

2. 巧立名目收费。黑职介总是要求务工人员交纳各种费用，收费名目有试工费、服装费、产品（商品）押金、体检费、培训费、水电费等，一步一步把求职者套牢，收取的费用从几百元到几千元不等。有些人假装是某公司或某饭店等的招聘人员，为单位招聘员工。通常情况下他们会吹嘘自己的单位工作如何好，待遇如何高，但是他们招工都有一个条件，就是工作之前必须要交押金，上当者往往工作没找到，还被人骗了钱。

3. 黑中介与用人单位联合行骗。一些黑中介甚至找用人单位做搭档，提供虚假的招聘信息给求职者，然后合伙行骗。

4. 企业试用期骗术。部分企业老板以“试用合格后才签合同”为由，短期招聘农民工但不与他们签订劳动合同，以达到随时解聘和在发生劳动争议时，使农民工空口无凭的目的。农民工朋友对试用期的相关规定不了解，在不良老板面前缺乏法律保护意识，很容易受骗上当。

要想识破就业中的此类骗局，求职者主要需要从以下几个方面做起：

（1）在进城前，要尽量想办法熟悉城镇的基本情况，可以向熟人询问，也可以翻阅介绍资料，对想去的城镇了解得越多越详细，越有好处。

（2）当准备到劳动力市场找工作时，必须知道都需要出示哪些证件，需要履行哪些手续，如果手续过于简单，就要谨慎对待。其中最重要的是要了解为你服务的中介机构是否合法。

（3）对每一个招聘广告都要反复审视。一个真实的招聘信息一定都注明：用工单位的名称、名额、工种条件、一般报酬、地点等。如果用人单位名称、地点不详，招聘名额过多或过少，报酬过高等，一定要慎重对待。

（4）接到录用通知后，应该首先到用工单位进行实地考察，了解它们从事什么生产或经营活动，看该单位的情况是不是与你先前所知道的相符，从侧面了解该单位的合法性。

《劳动法》规定，在签订正式劳动合同之后，双方才可以约定试用期，而不是在试用期满后再签订劳动合同。因此农民工朋友在老板提出试用期时，应该要求与老板签订书面合同，不能放弃自己的合法权益。

在上面案例中的农民工也可以向当地劳动保障部门投诉。即使没有签订书面劳动合同，只要认定存在雇佣关系，劳动者就有权获得报酬。

【小贴士】

（1）求职简历只留自己的联系方式，尽量不要留家人或朋友的联系方式，以免有人钻空子骗你的家人或朋友。

（2）到职业介绍机构找工作时，要看看对方有没有劳动和社会保障部门发放的职业介绍许可证。

（3）在大小媒体刊登的“豆腐块”广告，既无中介单位地址，又无确定单位，只有联系电话和联系人，标榜高薪、包食宿而无详细说明，这类的招聘信息要当心。

（4）不要相信一些经营范围与招聘职位明显不符的招聘广告，如某某商务、顾问公司大量招聘驾驶员、缝纫工、文秘等。

（5）不要相信贴在电线杆、车站站台、偏僻角落的“牛皮癣”，即所谓“招工信息”。

（6）永远不要以为大街上主动提出给你介绍工作的人是出于好心。

（7）凡是要求职者先交纳押金、培训费、资料费等费用的应一律拒绝。

（8）对于在招聘面试中极为草率，刚面试完就通知立即上班的工作要慎重考虑。

十七、怎样通过网上求职应聘

现在的农民工朋友大多都是80后、90后，电脑操作相当熟悉。网络求职应聘也已成为现在求职的主要方式之一，在各大招聘网上一搜索，就会即刻出现适合你的求职信息。

十八、怎样写份好的简历？

简历的基本构成要素包括：个人基本情况、教育背景、培训经历、获奖成果等。写好求职简历应注意以下几个方面：

1. 重点突出。由于时间的关系，招聘人员可能只会花短短几秒钟的时间来看你的简历，因此你的简历一定要重点突出。一般来说，对于不同的企业，不同的职位，不同的要求，求职者应当事先进行必要的分析。农民工朋友应根据企业和职位的要求，巧妙地突出自己的优势，但是不能简单重复。

2. 有效信息。简历首先要给人事部门传达明确的求职意向。作为一名求职者，在简历中应包括这些信息：自己的奋斗目标、体现自己的工作愿望、有团队协作精神、要诚恳。

3. 使用有影响力的词汇。使用这种如证明的、分析的、有创造力的和组织能力的词汇，会使简历起到“画龙点睛”的作用。

4. 词语使用要准确。最好不要使用拗口的语句和生僻的字词，更不要有病句、错别字。英语简历要特别注意不要出现拼写和语法错误。一般招聘人员观察求职者的能力就是从一份简历开始的。

5. 突出自己的技能。在简历中列出所有和求职有关的技能，回顾以往取得的成绩，对自己从中获得的体会与经验加以总结、归纳。你的选择标准只有一个，即这一项能力是否会给你的求职带来帮助，也可以附加一些成绩与经历的叙述，但是要注意，经历本身并不具有说服力，关键是经历中体现出的能力。

6. 适当引用专业术语。引用应聘职位所需的主要技能和经验术语，使简历突出重点。例如，你要应聘工程师，那么就需要你懂得绘图和设计软件的技能，如 CAD、ProE 等。总之，招聘广告会对不同的职位要相应的素质和技能要求，在应聘时要适当引用此专业术语。

十九、怎样写求职信

求职信是求职者根据用人单位的招聘条件，向用人单位自我介绍、寻找工作的书信。内容主要包括称呼、正文、结尾、署名、日期和附件等。

1. 称呼。在第一行顶格书写用人单位负责人的称呼，如“××先生/女士你好”等，称呼后加冒号。

2. 正文。内容包括求职意向、自我推介等。①求职意向。应该直截了当先说明去信目的；②自我推介。介绍自己应聘的有利条件，突出自己的优势；

3. 结尾。正文结束后另行退后两格写“此致”，再起一行顶格写“敬礼”。

4. 署名和日期。按一般书信格式，写上姓名，年、月、日。

5. 附件。求职信大多都附带各种附件，如简历、毕业证书以及资格证书等复印件。

6. 最后记得写上联系方式，以便对方答复或进一步联系。

【链接】

求职信

××先生你好：

贵公司2010年7月14日在《××日报》上刊登的招聘启事，我想应聘其中的××职位。

我叫××，今年×岁，××地区人。本人从事××工作多年，有丰富的实践操作经验。本人勤奋努力，现已通过××五级考试，并获得证书。如蒙录用，本人一定竭尽全力为贵公司效劳。

兹附上我的简历与证书。请审查。

此致

敬礼！

××敬上

2010年7月15日

联系地址：×××××

联系电话：×××××

二十、面试前要做哪些准备？

你在进城务工的过程中，无论找什么工作都需要经历面试这一关。面试就是在用人单位初步审查后安排的面对面的谈话，对方会提出一些问题，然后根据你的回答和对你的印象决定是否录用。面试既让你有了直接与招聘者面对面的接触机会，又有利于你对用人单位的了解。通过面试，用人单位可以了解你的人品、能力，是决定是否录用的依据。通过面试交谈你也可以从中了解这份工作的工作环境、工作条件、待遇，是你决定是否来该单位工作的依据，所以必须要重视面试。

面试前应做好两方面准备：思想准备和行动准备。

1. 思想准备：

（1）有失败的心理准备。如果面试成功了那自然是好事；不成功也不能灰心丧气，要总结经验教训，认识到面试失败你并没有失去什么，而是为下一次面试积累了经验。你应该充满自信地参加下一次的面试，在面试时充满自信对找到工作是有帮助的。

（2）要珍惜工作机会。找一份工作并不容易，要用一种平和的心态对待就业问题。即使找到一份不理想的、艰苦的工作，也不能嫌弃它，而应该负责任地把工作做好，因为它是你以后工作的基础。

2. 行动准备：

（1）了解应聘单位的具体情况。比如单位的地点、环境、员工待遇、主要负责人等。因为这些将成为面试时的共同话题，如果在面试时招工负责人发现你对这些情况很清楚，就会增加亲密感。

（2）了解你所要应聘工作的性质和特点。这样在面试时才能有针对性地向招聘者阐述你的能力和特长，让别人相信你就是最佳人选。

（3）把个人的基本情况用文字写出来，即整理一份简历。比如你的姓名、年龄、籍贯、性格、爱好及工作经历等。事先多演练几次，能够避免面试时因为紧张或其他原因而出现失误，取得好的效果。

二十一、面试时应注意些什么？

用人单位在考虑是否录用人员时，大都要先进行面试。而面试中的第一印象对于能否被录用起着重要的作用，那么如何给对方留下好的第一印象呢？农民工朋友在面试时要注意下面几个方面的问题：

1. 遵守时间。如果求职者迟到，首先会使对方认为你缺乏诚信。其次也会让你自己处于被动、尴尬的位置，导致面试的失败。

2. 穿着整洁。外表对第一印象的形成具有十分重要的作用。因此面试时一定要穿戴整齐，比如穿白衬衣可以让人显得比较精神，头发要梳理好，千万不要穿着拖鞋就去应聘了，以免给对方留下邋遢的印象。

3. 注意礼节。因为认识上或者生活习惯上的差异，农民工朋友在面试的时候尤其要注意礼仪。言谈举止要有分寸，举止大方。要用礼貌用语，称呼得体。不能随便打断别人的谈话，也不要乱动面试现场的办公设施。同时，必须注意克服一些不良习惯，比如吸烟、随地吐痰等。

4. 实事求是。展示能力时要尽可能用事实说话，不夸大其辞。当向招聘者介绍自己的履历时，要尽可能突出个人优势和实际能力，但注意不要过分夸张地推销自己，更不能胡编乱造，给人留下不良印象。

5. 尽量保持自然，不要紧张。有些农民工朋友在面试时容易紧张，说话结结巴巴，这时不妨暗示自己：放松心情，深呼吸。

6. 适当提出条件。劳有所得是每一个劳动者的权利。在用人单位已有初步聘用的意向时，可以委婉地提出薪水的期望值。

7. 表达愿望。结束面试时，别忘记向招聘者表达你希望能够被聘用的愿望，如果面试后一段时间还没有消息，可以自己打电话问问情况，但要做到得体，不要造成逼迫人家答复你的错觉。

二十二、进城务工的农民主要集中在哪些行业？

据统计资料显示，进城务工的农民主要集中的行业为：工业、建筑业、商业、运输业和饮食服务业。

工业：主要集中在制造业（包括工业制造业和食品、饮料制造业）和采掘业（采煤、采油)。这是一个工作比较艰苦、工资相对较高的行业，从事此行业的工作需要有一定的体能和技能。

建筑业：各大城镇的大部分建筑工人都是由进城务工农民组成

的，而这一行业是由一系列的职业组成的，如钢筋工、木工、土木建筑、水泥工、室内装修工等。这是一个需要一定技术、而且比较辛苦的行业。

商业：包括零售业经营人员、商业采购员、售货员、商业供销员等。这类工作紧张，每天的工作时间较长，需要长期站立，因此腿脚有疾病的人员不能胜任。

运输业：包括装卸工、汽车驾驶员、搬运工等。城市的许多汽车驾驶员、运输工人都是进城务工人员。

饮食服务业：包括服务员、厨师、食品销售员等。进城务工的农民是各大城镇的饮食服务行业中的主力军。这是一个工作时间长、需要一定技术，且身体不能有传染病的人员才能胜任的工作。

另外，书刊零售业、美容美发业、家政服务业、服装加工业等也是农民就业比较多的行业。

二十三、从事建筑业对务工人员有哪些素质要求？

城镇建筑业是个庞大的职业群，包括砖瓦工、钢筋工、抹灰工、木工、混凝土工、设备起重工、油漆工、打桩工等多种职业岗位。下面主要介绍几种：

(1) 瓦工。瓦工的任务是使用手工工具，按设计技术规范要求，用砖头或石块进行砌墙、柱门等，为墙壁和天花板进行抹灰粉刷。

(2) 架子工。架子工的任务是使用木头或钢管，搭建与拆迁建筑作业的架子，是一项技术性强的高空作业工作。

(3) 混凝土工。混凝土工的任务是在建筑工地，从事混凝土的配料、搅拌、灌浆，建造钢筋混凝土结构或结构部件等工作，如柱墩、桥梁等。

(4) 杂工。杂工的任务是挖掘地基，搬运建筑材料，清理建筑现场的卫生等，是不要特殊技术的体力劳动。

从事建筑业对劳动者的素质条件要求如下：

(1) 身体健康。劳动者必须是身体健康、体力壮、没有疾病的人。凡患有心脏病、高血压、贫血等症的人不宜从事该工作。

(2) 具有相关的技能。劳动者应具备物理、代数和几何等基本知识，掌握建筑工艺中的一种技能，熟悉有关建筑质量标准、质量管理等知识，了解建筑的一般过程。

(3) 要有相关的安全意识。作为建筑工人，需要心细，牢牢树立安全第一的意识。因为工地上到处都是钢筋水泥、砖头瓦块，稍有不慎就可能发生意外。在施工过程中，经常会有高空作业，任何粗心大意都可能威胁到生命安全。因此，在建筑工地工作的人，必须得严格遵守安全操作规范和工地施工的安全要求。

二十四、从事室内装修业对务工人员有哪些素质要求?

室内装修业包括许多工种，室内装修业涉及到室内建筑材料的设计、生产、加工，主要有木工、门窗工、油漆工、抹灰工、电工等。工作内容还包括建筑物的安全、居室环境保护、舒适美化等内容，因此对从业者的素质有较高的要求。

室内装修业的各个工种均有较高的技术要求，从业者必须掌握熟练的操作技能。从事室内装修业要具有2年以上的专业训练或操作经历；有一定设计知识和识图能力，能够照图纸进行作业处理；并且要了解各类装饰材料的性质、用途、使用方法；掌握室内装修的工艺过程；掌握安全操作技术规程以及防毒的常识。

二十五、从事餐饮业对务工人员有哪些素质要求?

餐饮业的服务范围包括：宾馆、饭店、学校食堂、茶馆、酒吧、饮食摊点、大排档等。涉及的职业主要包括餐厅经理、饭店服务员、厨师、原料采购员、食品售货员、洗碗工、送餐员等。

其中，厨师又分为烹调师、面点师和冷拼等。餐厅服务包括前台和后台，前台包括各式餐厅、咖啡厅、宴会厅、酒吧等，后台包括采购、厨房、洗涤、保管、财会等。一般把从事饮食服务性工作的人员都称为餐厅服务员，分工有传菜、账台、领台、值台、衣帽服务等。其工作任务有：托盘、口布折花、铺台、斟酒、上菜和分菜。

餐饮业是窗口行业，要求从业者必须具有良好的个人修养：注重仪表、整洁大方、懂得礼仪；穿着打扮要合适、合体、合度，保持饱满的精神状态。无论是做厨师还是餐厅服务员，都要有强烈的服务意识、端正的服务态度；有热情、开朗、乐观的心理品质；能严格遵守职业纪律；能自觉抵制精神污染和金钱的腐蚀。

从事餐饮业对劳动者的素质条件要求如下：

◆ 在生理方面，要求味觉嗅觉灵敏，动作反应迅速，无色盲、无口臭、无皮肤病、无传染病。对于服务员还要求五官端正、言语流畅。

◆ 在文化知识方面：要具有初中以上文化程度；具有一定的原料、营养学、卫生和经营管理方面的知识；如果在涉外饭店工作，还要有一定的外语会话能力。服务员应该不仅对本饭店经营的饭菜和酒水有足够的了解，还要对饮食知识、文化有一定的了解，才能满足不同群众，不同层次顾客的需求。

二十六、从事修理业对务工人员有哪些素质要求？

修理业的服务范围包括家用电器、楼房设备、钟表仪器、小孩玩具等等。常见的如电器修理、钟表眼镜修理、机动车修理、上下水管道修理、皮鞋、雨伞、皮包等物品的修理。务工人员可以应聘于公司、企业，如天然气公司、自来水公司、汽车修理厂等；也可以自己租房开修理部，或者摆个修理摊点。但无论采取什么方式从事修理业，从业者都需要一定的专业知识和娴熟的修理技术，那样才会赢得众多的顾客。

从事修理业的人员不能持有以下的心态：

1. 乱收费。见利忘义，认为顾客不懂技术而胡乱收费。这样久而久之，就会使顾客对你失去信任感，自然自己的摊点也难以维持下去。

2. 缺乏帮人排忧解难的精神。修理业是一项技术服务性的工作，有些从业人员缺乏急人所急的工作态度，对于送上门来的业务拖拖拉拉，不能按顾客的要求及时完成任务；有些却把一些利润少的活儿拒之门外，使顾客感到失落，这样也会造成顾客的不满。

总的来说，从事修理业的人员最重要的是要坚持诚信，文明服务，童叟无欺，做到急顾客之所急，想顾客之所想。另外，随着社会的迅速发展，修理业发展十分迅速，不仅修理业务越来越多，顾客要求修理的东西也越来越复杂，用于修理的工具也越来越先进，这就需要从业者们不断学习新的方法，掌握技术，学会使用最新的检测工具，才能提高服务水平，满足顾客的需求，使生意红红火火。

二十七、从事家政服务业对务工人员有哪些素质要求？

近年来，家政服务业发展迅速，市场需求旺盛，对劳动力的吸纳能力也很强。家政服务的形式多种多样，有相对稳定的，也有临时的或小时工，有单项的家政服务，也有综合的家政服务。其范围包括洗衣做饭、打扫卫生照看婴儿、接送孩子、照顾老人和病人等许多方面。家政服务业的特点是进入家庭内就业，工作项目多而细，并要与各种各样的雇主接触。因此，对家政服务业人员的素质要求也比较高。

1. 人品要好。报纸电视上经常有过这样一些报道：某小时工盗窃雇主家中的财物，某保姆虐待雇主家的老人等等。因此，具有良好的人品素质，是从事家政服务业最基本的要求。

2. 身体健康。对从事家政服务业的人员来说，最重要的是身体健康，不仅洗衣、做饭、打扫卫生等工作需要有较好的体力，同时要与婴儿、老人甚至病人接触，所以，要求家政服务人员必须身体健康，不能患有任何传染病，同时要有良好的卫生习惯，保证不把病传给别人，也不要让别人把病传给自己。

3. 耐心细致。家政服务业是为家庭或者个人提供服务的，琐碎的事情比较多，从业人员对于照顾老人和孩子要有足够的细心和耐心。

4. 善于沟通。从事家政服务业的人员，有些要与雇主家中的所有人朝夕相处，这就要求务工人员有一定的沟通能力。良好的人际沟通能力，能帮助务工者与雇主及其家庭成员和睦相处；同时及时向雇主反映各种情况，也能防止出现各种误会。

二十八、从事服装加工业对务工人员有哪些素质要求？

服装加工业有分工协作和独立制作两类。通常在服装加工厂与服装公司需要各工序的分工与协作，包括设计、裁剪、缝纫、打扣眼、锁边、熨烫、包装等等的分工与协作。个体服装店则都是独立制作的。

服装加工业对于务工人员有以下几方面的素质要求：

1. 经过服装加工的专业培训后，从业者能够识别裁剪图样，了解缝纫要求，掌握一般服装的量体、制图、打样、剪裁、缝纫的基本理论和技能。

2. 从业者不能有色盲、色弱等缺陷，要有良好的记忆力、尺码计算能力，双手动作协调性要好。

3. 从业者要目光敏锐，能随时捕捉潮流信息，准确把握时代信息，追逐时尚，符合潮流，设计出符合人们要求的衣服。只有把握住各季服装的流行趋势，才能在服装制作业中站住脚跟，具有竞争力。

【小贴士】

在制作新衣服的同时，如果你能同时拥有熨衣、补衣、改衣等其他辅助性的服务技能，则势必会更受顾客的欢迎。

二十九、从事书刊零售业对务工人员有哪些素质要求？

书刊零售业根据销售书刊的方式可以分为流动零售和固定摊位销售；根据销售内容可以分为刊物、报纸、书籍以及电子出版物的销售等。

书刊零售业是城镇服务业的重要内容，是农民进城就业的重要渠道。从事书刊零售者选择合适的摊点位置很重要，一般应选在人口比较集中的汽车站、住宅小区、火车站等人流量大的地方。

从事书刊零售业对于务工人员有以下几方面的素质要求：

首先需要务工人员了解有关报纸、杂志、图书以及电子出版物方面的知识，懂得市场行情，熟悉批发、零售业务，特别要研究不同的读者群体的阅读兴趣，了解市场上哪种书刊、报纸、杂志比较畅销。同时，从业者也应该是个喜欢读书的人，这样才能在眼花缭乱的书报杂志中，选出好书介绍给读者。

其次要有较强的法律意识，国家对个体销售出版物有明确的规定，如不能经营国家明令禁止的出版物和其他非法出版物，如凶杀、色情、淫秽、盗版书刊；不能加价或强行搭售书刊；不得经营进口书刊，港、澳、台书刊和内部发行的书刊等等。

【小贴士】

需要强调的是，书刊零售是传播精神文化的工作。务工人员的政治觉悟、道德水准、社会责任感是非常重要的。如果一个人唯利是图，见利忘义，那么就很容易被利益所吸引，非法销售不健康的出版物，对社会造成危害，同时也使自己走上犯罪的道路。因此，务工人员一定要提高自身的文化素质、政治素质和道德、法律素质，做一个文明、守法的经营者。

三十、从事美容美发业对务工人员有哪些素质要求？

美容美发是服务行业中的重要分支之一，职位主要包括美容师和美发师。美容师的工作主要包括皮肤护理、纹眉、按摩、祛痘、去斑等；美发师主要工作包括烫发、剪发、染发、护发、焗油、吹风、盘头、护理头发等。

从事美容美发业对于务工人员有以下几方面的素质要求：

（1）务工人员要具有熟练的美容美发技术和较高的审美能力与想像力；能够根据每一位顾客的职业、脸型、气质、性格、身材等条件，制定适合的造型，为顾客提供满意的服务。

（2）务工人员要掌握美容美发业务的基础知识、设备工具知识；熟知相关的化学药品属性；还要具备防护知识并有一定的美学和心理学知识。

【小贴士】

美容美发行业是一项发现美、创造美的工作，务工人员本人也要注意对美的追求，要着装整洁，仪表大方。如果能依据本店的特色，在服装、饰品上加以合理搭配，更能给人一种美的享受。

三十一、从事保安工作对务工人员有哪些素质要求？

保安的职责是维护居民的正常生活不受侵扰，保护居民的财产不受损失，同时能够积极协助有关执法机关对某些违法乱纪行为进行解决处理，维护治安环境。保安人员的工作地点一般为企事业单位、机关、学校、大型商场、超市、娱乐中心和居民社区等。

保安行业由于其服务业性质不同，对务工人员有着特殊的要求。

(1) 外在条件。保安人员一般应选择身强力壮的年轻男子，许多单位都要求从业者为身高在1.70米以上、五官端正的年轻男性，并且最好是退伍军人，熟悉一点武术和防身术。

(2) 了解相关的法律常识。保安是个特殊的行业，经常要面对一些违法乱纪的行为，因此必须了解一些法律常识，懂得如何运用法律来保护集体与个人的利益，如何利用法律来对付坏人坏事。

(3) 明确自己的职责。保安人员是各单位招聘的普通职工，尽管穿着制服，但完全不同于公安人员与检查人员。作为保安人员要明确自己的角色身份，不能作出超越自己职权范围的行为。例如在一家商场内，某保安人员怀疑顾客有偷盗行为，于是对当事人提出搜身的无理要求，这显然就超越了保安的职权范围。

(4) 要有高度的职业道德。保安人员要具有极强的责任心与正义感。在面对可能出现的问题，甚至危险时，不能睁一只眼闭一只眼，也不能临阵退却，要敢于同坏人坏事做斗争，保护人民的财产安全。

三十二、从事个体经营需要具备哪些基本条件？

农民朋友在外出打工时，可以到各用人单位寻找工作，也可以从事个体工商经营、开办企业、自主创业。

自主创业者首先需要具备以下的条件：

（1）人力。无论是老板，还是员工，都必须是年满16周岁，并且具备独立民事行为能力的个体。同时身体健康条件应与职业要求相适应，如从事个体餐饮经营，就需要身体健康，没有传染病等等；另外，还要具备一定的管理能力和经营能力。

（2）财力。从事个体经营的，必须具备一定的资金，用于购买设施、工具等。财力包括固定资金和流动资金。固定资金用于购买置办厂房、店铺等固定资产，流动资金用于购买货物等。

（3）场地。个体经营者一般都要有一个固定的经营场所，如店铺、门面、厂房等。不过，像流动摊商和流动的手工业者们就没有这方面的需要。

（4）物力。个体经营者应具备从事个体经营的相关的基本设施和工具，如餐饮经营要具有厨具、桌椅、碗筷等，个体零售商要有货架等等。

【小贴士】

从事个体工商经营或开办企业者，首先必须按照规定到管辖经营地点的工商部门进行注册登记，接受必要的审查和考核，然后领取营业执照。在开始营业后，一定要照章纳税，偷税漏税会受到非常严厉的处罚。经核准成为个体工商户的，可以在国家法律和政策允许的范围内，经营工业、手工业、商业、餐饮业、服务业、建筑业、交通运输业、修理业及其他行业。

三十三、少投资也可以挣钱的行业有哪些？

如果农民朋友的手头有一些积蓄，并打算用这些积蓄做一点小生意，那么，你可以考虑一下下面的这些既投资少又能赚钱的职业：

（1）创办小吃店。可以租一个小店面，稍作装修，采购一些桌椅、厨具等，那么小吃店就可以开张了。这是个投资不大又好经营的行业。

(2) 创办理发店。虽然现在美容美发的店铺很多，但是仍有许多人喜欢到一些小的理发店理发，比如收入不高的青年、老人、小孩以及许多外地来的打工者等。所以，外出务工人员只要有这方面的技艺，待人诚恳热情，那么租间小面积的店面，添置些必要的工具，稍作装修，也就可以开始营业了。

(3) 开办鲜花店。在现代的城镇中，很多人都喜欢选择用鲜花来代替原来的礼物，鲜花成为了人们之间往来的意思传达。生日、节日、婚礼甚至探望病人，都要送些赏心悦目的鲜花，同时这类店铺的开设也不会需要多高的投入。

(4) 开办旧书店。许多的城镇家庭由于一些原因会将家中很多书刊当作废品卖掉。这时你可以上门收购这些旧书，其中有很多书是不再出版的难得的珍贵书刊。然后你可以开设一个专门卖旧书报的小店，将收购来的图书卖给那些需要的顾客，同时也可以兼营出租书籍的业务。

(5) 开办日常用品店。有些大城镇的居民区离商业区距离比较远，人们有时不得不为了一点小小的东西跑一趟商场，比较浪费时间。所以，务工人员可以选择一个合适的位置，开一个小店，出售一些日常必需品，也是个投资少收入好的职业。

第三部分　上岗前的准备

一、劳动者的安全生产权利有哪些？

国家有关法律规定，劳动者的安全生产权利主要包括以下几方面：

1. 有权接受安全生产教育和培训。

2. 有权了解所在的工作岗位和作业场所存在哪些危险，可能发生哪些事故和伤害，如何防范和施救等。

3. 有权获得保障自身安全与健康的劳动环境和条件，获得职业卫生保护和劳动防护用品。

4. 有权对安全生产中存在的问题提出批评、检举和控告。

5. 有权拒绝违章指挥和强令冒险作业，并在紧急情况下停止作业和紧急撤离。

6. 因生产安全事故受到伤害或患职业病时，依法享受工伤保险待遇，还可依法向本单位提出赔偿要求。

7. 女工有权享受特殊保护，如用人单位禁止安排女工从事森林伐木、矿山井下、登高架设、特别繁重的体力劳动、有毒有害的岗位劳动以及连续大强度负重作业等。同时对女工的“四期”保护也有相应规定。

8. 未成年人员有权享有特殊的保护。相关法律规定，任何单位不得安排未成年人从事焊工、电工、起重工等特种作业；不得安排未成年人员从事森林伐木、矿山井下、有毒有害、繁重体力、登高架设等对发育成长有影响的作业。

另外，法律还规定任何用人单位都不得非法招用未满16周岁的童工。

二、劳动者的安全生产义务有哪些？

国家有关法律规定，劳动者在享有安全生产权利的同时，也必须自觉履行相应的安全生产义务，概括起来主要包括以下几个方面：

1. 在劳动生产过程中，要严格遵守本单位的安全生产规章制度和操作规程，服从单位的管理。

2. 加强学习安全生产知识，努力提高安全操作技能。

3. 正确佩戴和使用劳动防护用品，这一项既是劳动者的安全生产权利，又是劳动者的安全生产义务。

4. 发现事故隐患或者其他不安全因素，应立即向现场安全生产管理人员或者本单位的相关负责人报告，接到报告的人员应当及时予以处理。

三、进入企业时应注意哪些事项？

务工人员在用人单位劳动期间，应自觉遵守用人单位的劳动纪律。

（1）务工期间要遵守企业的作息制度，按时上下班、午休、工间休息等。

（2）要听从指挥，服从安排。严格遵守工作场所的规定，企业规定不能做的，切忌乱动。企业的变电站、气瓶站、煤气站、油库、化工库、锅炉房等重地不允许工人随便进入，一定要严格遵守。

（3）一般禁止穿背心、短裤、裙子、高跟鞋等进入工作场所。工人进入一些有毒、有害、危险的工作场所时，要按规定正确穿戴劳动防护用品，工作期间切忌做私活、闲聊和吃东西。

（4）要保持工作场所整洁，原材料、零部件、工具摆放要井井有条，及时清除通道上的杂物，保持通道畅通。

（5）个人的私事应尽量在业余时间办理。如果有特殊情况需要在工作时间去办理的，一定要办理请假手续，经同意后才去办理。

（6）凡挂有“有电危险”、“严禁烟火”、“危险，请勿靠近”等标志的警示牌子，要严禁随意进入和靠近。

四、务工人员应注意哪些消防安全事项？

（1）进行电焊、气焊等具有火灾危险作业的人员和自动消防系统的操作人员，必须持证上岗，并且要严格遵守消防安全操作规程；

（2）严禁在工作及生活场所，擅自使用大功率电器，如电炉、电暖气等，不能私自乱接乱拉配电导线；

（3）禁止携带火种进入生产、储存易燃、易爆、危险物品的场所；

（4）禁止在具有火灾、爆炸危险的场所使用明火；

（5）在公共场所及公共交通工具上禁止吸烟，严禁随地乱抛烟蒂，以防火灾的发生；

（6）严格遵守务工场地的消防安全规定，熟悉务工场地的疏散逃生路线，保持疏散通道畅通无阻；

（7）当发生火灾险情时，在进行自救的同时，要立即拨打火警电话119，听从消防人员的指挥。

五、务工人员应了解的安全生产基本常识有哪些？

1. 安全生产的知情权和建议权。在生产劳动的过程中，务工人员有权了解其作业场所和工作岗位与安全生产的有关情况：一是存在的危险因素；二是防范措施；三是事故应急措施。同时从业人员对本单位的安全生产工作具有建议权。

2. 三级安全生产教育。三级安全生产教育是指厂级、车间、班组的安全生产教育。厂级教育是针对新入厂的劳动者进行的基础安全教育；车间教育是具体了解车间的规章制度以及车间内的危险区典型案例等；班组教育是了解本工段或生产班组的安全生产情况和操作规程等。

3. 安全标识。一般应设在生产场所的危险部位、重大危险源等处，设置醒目的和固定的安全标识牌，给人以警示。安全标识中的红色为禁止标志，禁止人们的不安全行为；黄色是警告标志，提醒人们对周围环境引起注意，避免可能发生的危险；绿色是提示标志，向人们提供某种信息；蓝色为指令标志，强制人们必须作出某种动作或采取防范措施。

4. 劳动防护用品。劳动防护用品主要有：安全帽、安全带、绝缘鞋、绝缘手套、电气焊防护面罩、电气焊防护眼镜、防毒面具、防尘口罩等。这些都是从业人员在生产过程中所必须佩戴的劳动防护用品。

5. 工伤保险赔偿权。劳动者有权要求用人单位依法为其办理工伤保险。务工人员在生产经营活动中，因为种种原因，可能会发生意外伤害、职业病以及造成死亡等。在劳动者暂时或永久丧失劳动能力时，劳动者或其亲属有权从国家、企业得到必要的物质补偿，这些一般以现金形式来支付。

6. 安全生产"三违"及"三不伤害"。"三违"指违章指挥、违章作业、违反劳动纪律。"三不伤害"指不伤害他人、不伤害自己、不被他人伤害。

7. 生产安全事故"四不放过"。指事故原因分析不清楚不放过；防范措施没有落实不放过；职工群众没有受到教育不放过；事故责任者没有受到严肃处理不放过。

8. 安全储存危险化学品。危险的化学品应储存在专用的仓库。甲乙类物品和一般物品以及容器相互发生化学反应或者灭火方法不同的物品，必须分间分库储存，并在醒目处标明储存物品的名称、性质和灭火处置方法。易自燃或者遇湿容易分解的物品，必须在温度低，通风良好、空气干燥的场所中储存，并控制周围环境的温度与湿度。甲乙类桶装液体，不宜露天存放，如果必须要露天存放时，应在炎热的季节采取降温措施。

9. 安全装运危险化学品。装运危险化学品的运输车辆应专车专用，并贴有明显标志；装运甲乙类危险物品时，操作人员不得穿易产生静电的工作服、工作帽和使用易产生火花的工具，严防撞击、震动、重压和倒置；运装时要轻拿轻放；装运危险化学品时不得载客，禁止无关人员搭乘装运危险化学品的车辆。

10. 防止硫化氢中毒。凡是有机物积聚发酵腐败的场所，都有可能产生硫化氢气体，如下水道、化粪池、污水池、集水井、地窖、沼气池、酒精发酵池，电缆井等。硫化氢气体有臭皮蛋味，易溶于水，一旦被吸入就会造成中毒，甚至死亡。因此，进入有可能含有硫化氢的作业环境前，必须先行通风，释放出硫化氢气体；检测合格后再开始作业；作业人员还需佩戴空气呼吸器，系好安全绳；作业时现场还应设有监护人员。

11. 防止一氧化碳中毒。冬季取暖设备、煤气炉等可能产生一氧化碳气体的场所，必须装有防止一氧化碳气体中毒的通风换气等有效设施。对一氧化碳中毒昏迷者，要立即掐人中穴，拨打120急救电话，赶紧送往医院救治；对心跳、呼吸停止的应立即实施人工呼吸、心肺复苏术，然后迅速送医院抢救。

12. 作业场所用电安全。供电采用三项四线制（三项五线制）的电气设备要采取保护接零措施，三项三线制的电气设备要采取保护接地措施；电气线路必须保证良好的绝缘；使用临时电气线路的，应架空或进行穿管保护。潮湿、露天、易燃易爆等作业场所的电气设备和线路须采取防护措施。

13. 手持电动工具的正确使用。易燃易爆的工作环境中，不得使用手持电动工具，以免引发火灾爆炸等事故。持电动工具的操作者应穿戴劳动防护用品，使用前要认真检查接零和绝缘情况。电缆线不得有接头，长度不得超过5米。

14. 机械伤害。机械操作人员在工作前应穿好工作服，佩戴工作帽，袖口扎紧。操作旋转设备时不得戴手套，设备运转前要按规定进行安全检查。机械设备传动转动危险部位应装安全防护罩。检修作业时应断电停机操作。

15. 焊接作业。焊接操作人员须持有操作证；在易燃易爆的作业场所焊接时，须采取措施；焊接前应了解焊割物品的使用情况和构造；不得焊割用可燃材料充作保温、隔音设施的部位；不得焊割压力管道和密闭容器；容器内施工时须采用低压照明和通风，并设有专人现场监护；盛装过易燃易爆物体的容器管道须彻底清洗和处理；焊接场所附近有易燃物品的，必须清除或采取安全措施；在禁火区内作业，须采取严格隔离等安全措施。

16. 高处作业。高处作业应坚持“不登高”的原则：即体弱有病时不登高；暴雨、大雾和六级以上的大风时不登高；照明不足时不登高；携带笨重物件时不登高；脚手架和跳板等不扎牢不登高；梯子撑脚打滑不稳时不登高；高压线旁无遮拦防护时不登高。没有佩戴安全帽和安全带的不登高；石棉瓦上无跳板时不登高。

17. 起重搬运。起重司机应持证上岗；吊装物下面不得站人；作业时应轻装轻卸、捆扎牢固，平稳起吊，不超负荷作业；起吊设备的钢丝绳和吊钩等应定期进行检验，操作人员不得带病运行。

六、安全标志有哪些？

根据国家标准规定，安全标志由一般安全色、几何图形和图形符号构成。安全标志从内容上可分为禁止标志、警告标志、指令标志和提示标志等。

禁止标志：禁止人们不安全行为。

警告标志：提醒人们注意周围环境，避免可能发生的危险。

指令标志：强制人们必须作出某种动作或采用某种防范措施。

提示标志：向人们提供某一信息，如标明安全设施或安全场所。

七、电工岗位的安全操作规程

电气作业人员必须经安全监督管理部门安全技术培训考试合格后，持有效证件上岗、操作。电工人员应掌握电气安全知识，了解岗位责任区域的电气设备性能，熟悉触电急救方法和事故紧急处理措施。电工上岗、操作必须穿合格的绝缘鞋，必要时应戴安全帽及其他防护用品。电气作业应严格遵守安全操作规程和有关制度；使用电动工具应遵守有关电动工具安全操作规程。在供、配电设备和线路上作业，必须设人监护。监护人不得从事操作或做与监护无关的事情。供配电回路和停送电必须凭手续齐全的工作票和操作票进行。任何电气设备和线路未经本人验电以前，一律视为有电，不准触及。未经电气技术负责人许可和批准改造电气设施的结构之前，电工不得改变电气设施的原有接线方式和结构。各种电气接线的接头要保证导通接触面积不低于导线截面积。工作结束后，应认真把电气设备使用方面问题向接班人员交接清楚。

八、手风钻工岗位安全操作规程

所有手风钻作业人员必须经过专门的技术安全培训。手风钻作业人员要熟悉设备功能，了解设备构造和掌握设备操作技术后方能上岗操作。工作前必须穿戴好规定的防护用品，必须对设备进行严格检查，确认性能良好、安全可靠，并做好工作前各项准备工作后，方能开始操作。工作时严格按手风钻的技术要领操作，任何人不得违章操作，并有权拒绝和制止他们违章指挥、违章操作。开始钻孔时必须半风，待钻头进入规定深度后再满风。打孔时，必须将钻扶正，不得左右摇摆。严禁利用炮孔钻孔。严禁用腿或身体压着风钻打孔。在陡坡和 2 米以上的高空作业时，必须系好安全带，所有工具及零配件放在工具袋内。多人在同一作业面工作时，不准在同一垂直上作业。在大块上打孔时，大块必须牢固，严禁在松动不稳的大块上作业。严禁在运转着的电铲周围 20 米以内作业，如必须作业时，应先与电铲司机取得联系。春夏季节禁止在台段根下停留。若必须在台段根下作业，必须随时注意浮石、裂缝、岩头等物，要设专人监护。遇大风、雨雪天气，不准在松土下边或高空作业。在采面作业时，听到爆破信号时，应立即撤出危险区。作业完毕后，应清点检查设备，确认并存放稳妥后离开。

九、破碎机岗位工安全操作规程

所有破碎机作业人员必须经过专门的技术及安全培训，了解并掌握破碎机的性能、构造和操作技术后，才能上岗操作。工作前要穿戴好防护用品，对设备及模拟盘、控制盘、仪表进行认真检查，确定良好无误后方能操作。破碎机及布料小车的操作必须严格按操作技术要领执行。运转中，需经常检查碾口的入料情况。不得使破钢铁等异物混入。设备运转中必须按照规定进行定时巡查，发现问题后应及时上报并停机处理。不准对运转中的设备进行维护，也不能让设备带病运行。巡查设备时必须按路线进行，不准跨越设备。进入破碎机内处理故障前，必须要摘掉启动保险，挂上禁止合闸的标牌，并设专人监护。维护好收尘设备，使其经常处于良好状况。联系信号和通讯设备失灵时不得启动设备。破碎机检修试车后，必须盖好盖子，拧紧螺丝。经常检查保持破碎机及控制室的卫生清洁。

十、气焊工的安全操作规程

所有气焊作业人员必须严格遵守一般焊工的安全操作规程。熟悉有关溶解乙炔气瓶、橡胶软管，氧气瓶的安全使用规则和焊炬安全操作规程。严格按规定使用气瓶、软管、焊割炬。工作前检查所有设备。乙炔气瓶、氧气瓶及橡胶软管的接头、阀门及紧固件均应紧固牢靠，不准有松动，破损和漏气现象。氧气瓶及其附件、橡胶软管、工具上不能沾染油脂的污垢。检查设备、附件及管路漏气时，只能用肥皂水试验。实验时，作业场所周围严禁有明火。应保证氧气瓶、乙炔气瓶与明火间的距离应在 10 米以上。禁止用易产生火花的工具去开启氧气或乙炔气瓶的阀门。气瓶设备管道冻结时，严禁用火烤或用工具敲击冻块。氧气阀或管道要用 40℃ 的温水溶化；乙炔气瓶、回火防止器及管道可用热水或蒸气加热解冻。焊接场地应备有相应的消防器材。露天作业时应防止阳光直射在氧气瓶或乙炔气瓶上。压力容器及压力表、安全阀，应按规定定期送交校验或试验。橡胶软管需经压力试验使用合格产品。禁止把橡胶软管放在高温管道和电线上，或把重的或热的物件压在软管上，使用时应防止割破，防止沾上油脂。工作完毕离开工作现场时，要拧上气瓶的安全帽，收拾干净现场，把气瓶和乙炔气瓶放在指定地点。

十一、电焊工的安全操作规程

所有电焊工的作业人员应掌握一般电气知识，遵守焊工一般安全规程；还应熟悉灭火知识，触电急救知识以及人工呼吸的方法。在工作前应检查焊机电源线、引出线及各接线点是否良好。电焊钳柄绝缘必须良好。焊机二次线路及外壳必须有良好接地。下雨天不准露天电焊。在潮湿的环境中工作时，工作人员应穿好绝缘鞋并站在有绝缘物品的地方。移动式电焊机从电力网上接线或拆线以及更换熔丝等工作，应该由专门的电工进行。推闸刀开头时身体要偏斜些，要一次推足，然后开启电焊机。停机时，应该先关电焊机，才能拉断电源闸刀开头。移动电焊机的位置时，应先停机断电。焊接中如果发生突然停电，应立即关好电焊机。注意焊接电缆接头移动后应进行检查，保证牢固可靠。在人多的地方焊接时，应安设遮拦挡住弧光。无遮拦时应提醒周围人员不要直视弧光。换焊条时应戴好手套，身体不要靠在铁板或其他导电物上，敲渣子时应戴上防护眼镜。焊机启动后，操作人员的手和身体不应接触二次回路导体，如焊钳或焊枪的带电部位、工作台、所焊工件等。在容器内作业，在潮湿、狭窄部位作业，要采取必要的特种作业安全防护措施。夏天身上出汗或阴雨天等情况下，应穿干燥衣物，必要时要铺设橡胶绝缘垫。在任何情况下，都不得使操作者自身成为焊接回路的一部分。工作完毕应关闭电焊机，再断开电源。

十二、什么是职业危害？职业危害的种类有哪些？

职业危害是指企业在生产过程中可能会生产、使用或产生一些对劳动者的健康有害的物质，在其他的职业活动中也可能存在危害人体健康的多种因素，这些生产过程和职业活动中的有害因素统称为职业危害。根据企业经营和施工现场的具体情况，职业危害分为六大类：

1. 生产性粉尘的危害。在建筑行业的施工中，搬运使用建筑材料、石材的加工、建筑物的拆除，均会产生大量的矿物性粉尘，长期吸入这样的粉尘可使务工人员发生矽肺病等。

2. 缺氧和一氧化碳的危害。在建筑物的地下室施工时，由于作业空间相对狭窄、密闭、通风不畅、特别是在这种作业环境内使用内燃机和燃烧器时，耗氧量极大，同时又会因缺氧导致燃烧不充分，产生大量一氧化碳，特别容易造成施工人员缺氧窒息和一氧化碳中毒。

3. 有机溶剂的危害。务工人员在建筑施工的过程中常常会接触多种有机溶剂，如防水施工中接触到的苯、甲苯、二甲苯、苯乙烯，喷漆作业也会接触到苯、苯系物外还可接触到醋酸乙酯、氨类、甲苯二氰酸等。这些有机溶剂极易挥发，在使用过程中挥发到空气中的浓度可以很容易达到很高，极易发生急性中毒和中毒死亡的事故。

4. 局部震动和生产性躁声的危害。建筑行业施工中使用的机械工具如钻孔机、电锯以及一些动力机械等都可能产生较强的躁声和局部震动，长期接触这些躁声可损害务工人员的听力，严重时可造成人的躁声性耳聋。长期接触震动的人员可能损害手的功能，严重时可导致身体的局部震动病。

5. 焊接作业时产生的金属烟雾的危害。焊接作业的过程中会产生多种有害的烟雾物质，如电气焊时使用锰焊条，可以产生锰尘、锰烟、氟化物，臭氧及一氧化碳，长期吸入可导致电气工人尘肺及慢性中毒。

6. 高温作业的危害。长期工作在高温的环境中极易引起人体水电解质的紊乱，损害中枢神经系统，造成人体虚脱，昏迷甚至休克，造成意外事故。

十三、怎样预防职业危害？

1. 作业场所中应采取的防护措施。防止职业危害的根本措施是：用人单位应从工艺、原料、设备等方面进行改进，以降低职业危害因素的产生，从而减少劳动者与职业危害因素直接接触。

（1）各用人单位应根据本单位的具体情况，确定本单位的职业病危害种类，制定相应的防治措施。

（2）在确定的职业危害作业场所的醒目位置，应张贴职业病危害告知警示标志。

（3）施工现场如果进行石材切割加工、建筑物拆除时有大量粉尘作业产生，则应配备行之有效的降尘设施和设备，从而对施工地点和施工机械进行降尘。

（4）在地下室等封闭的作业场所进行作业的，要采取强制性的通风措施，并配备行之有效的通风设备，同时派专人进行巡视。

（5）对从事高危职业危害作业的工作人员，其工作时间应严格加以控制，并采取有针对性的急救措施。

2. 劳动者本人应采取的防护措施。劳动者本人要严格遵守安全操作规程，穿戴好个人劳动防护用品，以便消除或减少有害因素对自己和别人的危害。

（1）加强学习职业病危害方面的知识，提高对职业病危害的认识，了解其危害，掌握常用的职业病防治方法。

（2）接触粉尘作业的施工作业人员应正确佩戴防尘口罩，在施工中应尽量降低粉尘的浓度，并在施工过程中采取不断喷水的措施降低扬尘。

（3）电气焊作业操作人员在施工中应注意施工作业环境的通风，检查通风设施是否运转正常，有条件的可以设置局部排烟设备，使作业场所空气中的有害物质浓度控制在国家卫生标准之下，在难以改善通风条件的作业环境中操作时，必须佩戴有效的防毒面具和防毒口罩。

（4）施工人员在进行躁声较大的施工作业时，必须正确佩戴防护耳罩，并减少躁声作业的时间。

(5) 从事喷漆作业、防水作业的施工人员应严格按照操作规程进行施工。施工前要检查作业场所的通风是否畅通，通风设施是否运转正常，作业人员在施工作业中要正确佩戴防毒口罩。

(6) 长期从事高温作业的施工人员应注意多休息，尽量减少工作时间，保证充足的饮水，可以饮用适量的盐水，并佩戴好防护用品。

(7) 从事职业危害作业的职工，应按照职业病防治法的规定，定期进行身体健康检查。同时用人单位应将检查结果告之本人，并将体检报告存入档案。

十四、如何使用劳动防护用品?

劳动防护用品是指劳动者在生产活动中，为保证人身的安全健康，防止事故伤害或职业性毒害的发生而佩戴使用的各种用具。常用的劳动防护用品主要包括：安全帽、安全带、安全绳、防护服、安全网、防护手套、安全鞋等。

1. 需要佩戴防护用品的人员在使用防护用品前，应认真阅读产品安全使用说明书，确认其使用范围、有效期限等内容，熟悉其使用、维护和保养方法，发现防护用品有受损或超过有效期限等情况，绝不能冒险使用。

2. 安全帽要戴正，帽带要系结实，防止因其歪戴或松动而降低抗冲击能力。

3. 安全带应在腰部系紧，挂钩应扣在不低于作业者所处水平位置的固定牢靠处。

4. 在进行金属切割或在车床等机床操作时，严禁戴手套，以避免被机床上转动部件缠住或卷进去而引起事故。

5. 穿着防护服要做到“三紧”，即工作服的领口紧、袖口紧、下摆紧，防止敞开的袖口或衣襟被机器夹卷。

【小贴士】

任何的生产劳动过程中都会存在着各种危险和有害因素，正确使用和佩戴劳动防护用品是保障劳动者身体健康安全的有效措施。

十五、什么是职业病？哪些职业容易患职业病？

职业病是指劳动者在工作中，因为接触粉尘、有毒有害物质和放射性物质等因素而引起的疾病。产生职业病的危害因素很多，主要包括：各种有害的物理、化学、生物因素以及在工作过程中产生的其他有害因素。

常见的职业病包括九大类，详细的分类如下：

(1) 尘肺（矽肺、煤尘肺等12种）；

(2) 中毒（铅、汞中毒等51种）；

(3) 物理因素职业病（放射性疾病、高原病、航空病等6种）；

(4) 职业性传染病（炭疽等3种）；

(5) 职业性皮肤病（接触性皮炎等7种）；

(6) 职业性眼病（职业性白内障等3种）；

(7) 职业性耳、鼻、喉病（噪声聋和铬鼻病）；

(8) 职业性肿瘤（石棉所致肺瘤、联苯胺所致膀胱癌、苯所致白血病等8种）；

(9) 其他职业病（化学灼伤、职业性哮喘等7种）。

【小贴士】

最容易发生职业病的劳动者有煤矿工人、建筑工人、炼钢工人、纺织工人等。矿山、石场、纺织厂、化工厂、农药厂、制革厂等通常是最容易诱发职业病的地方。各种尘肺病则是最主要的职业病，70%以上的职业病与此有关。

十六、职业病的诊断与鉴定

我国的《职业病诊断与鉴定管理办法》（2002年3月28号卫生部令第24号发布）中对职业病的诊断做出了明确的规定：

申请职业病诊断时应当提供以下材料：

(1) 职业史、既往史；(2) 职业健康监护档案复印件；(3) 职业健康检查结果；(4) 工作场所历年职业病危害因素检测、评价资料；(5) 接尘者应提交最近一次 X 胸片和报告单；(6) 诊断机构要求提供的其他必需的有关材料。

如果当事人对职业病的诊断有异议的，在接到职业病诊断证明书之日起 30 日以内，可以向做出诊断的医疗卫生机构所在地社区的市级卫生行政部门申请鉴定。当事人对市级职业病诊断鉴定委员会的鉴定结论不服的，在接到职业病诊断鉴定书之日起 15 日内，可以向原鉴定机构所在地省级卫生行政部门申请再鉴定。省级职业病诊断鉴定委员会的鉴定为最终鉴定。

申请职业病鉴定时应提供的材料：

(1) 职业病诊断鉴定申请书；(2) 职业病诊断证明书；(3)《职业病诊断与鉴定管理办法》第十一条规定的材料；(4) 其他有关资料。

【小贴士】

职业病诊断、鉴定的费用均由用人单位承担。

十七、患有职业病的病人享有哪些社会保障？

1. 医疗卫生机构发现疑似职业病病人时，应当告知劳动者本人并及时通知用人单位。

2. 用人单位应当及时安排对疑似职业病的病人进行诊断；在疑似职业病病人诊断或者医学观察期间，用人单位不得解除或者终止与其订立的劳动合同。

3. 疑似职业病病人在诊断、医学观察期间所发生的费用，均由用人单位承担。

4. 用人单位应当按照国家有关规定，安排职业病病人进行治疗、康复和定期检查。

5. 职业病病人依法享受国家规定的职业病待遇。

6. 用人单位对不适宜继续从事原工作的职业病病人，应当调离原岗位，并妥善安置。

7. 用人单位对从事接触职业病危害的作业的劳动者，应当给予适当岗位津贴。

8. 职业病病人的诊疗、康复费用，伤残以及丧失劳动能力的职业病病人的社会保障，按照国家有关工伤社会保险的规定执行。

9. 职业病病人除依法享有工伤社会保险外，依照有关民事法律，尚有获得赔偿的权利的，有权向用人单位提出赔偿要求。

10. 劳动者被诊断患有职业病，但用人单位没有依法参加工伤社会保险的，其医疗和生活保障由最后的用人单位承担；最后的用人单位有证据证明该职业病是先前用人单位的职业病危害造成的，由先前的用人单位承担。用人单位发生分立、合并、解散、破产等情形的，应当对从事接触职业病危害的作业的劳动者进行健康检查，并按照国家有关规定妥善安置职业病病人。

（注：参见《中华人民共和国职业病防治法》）

十八、什么是生产性粉尘?

生产性粉尘是指在生产过程中形成的，并长时间飘浮在空气中的一些固体微粒。

生产性粉尘的来源非常广泛，矿山开采、凿岩、爆破、隧道开凿、筑路等；机械制造工业中原料破碎、配料、清砂等；冶金工业中的原材料准备、矿石粉碎、筛分、配料等；耐火材料、玻璃、水泥、陶瓷等工业原料的加工；化学工业中固体原料加工处理，包装物品等生产过程；皮毛、纺织工业的原料处理；宝石首饰加工等等，由于工艺原因和防尘降尘措施的不完善，均可产生大量粉尘，污染生产工作环境。

生产性粉尘按性质可分为：

无机粉尘，包括矿物性粉尘如石英、石棉、煤等；金属性粉尘，如铅、锰、铁、锡、锌等及其化合物；人工无机粉尘，如金刚砂、水泥、玻璃纤维等。

有机粉尘，包括动物性粉尘如皮毛、丝、骨粉尘；植物性粉尘，如麻、棉、亚麻、甘蔗、木、茶粉尘；人工有机粉尘，如有机染料、农药、合成树脂、橡胶、人造有机纤维粉尘等。

【小贴士】

在一般的生产环境中，单一种粉尘的存在较少见，多为两种以上粉尘混合存在，称为混合性粉尘。

十九、生产性粉尘对劳动者的危害有哪些?

所有难溶的或不溶的粉尘对劳动者的身体都有危害，生产性粉尘因其特性和作用的不同，可引起不同的疾病。

1. 呼吸系统方面的疾病。

尘肺：在生产环境中长期吸入粉尘而导致的，以肺纤维化为主的一类疾病。

粉尘沉着症：有些生产性粉尘，如锡、钡、铁等吸入后，会沉积于肺组织中，表现为一般异物的反应，可继发轻微的纤维性改变，对身体健康没有明显的危害。当脱离粉尘作业后，其病变不会进一步发展，X 线胸片阴影可逐渐消退。

呼吸系统肿瘤：放射性矿物、石棉、砷等粉尘均可致肺部肿瘤。

有机粉尘引起的肺部病变：吸入棉、亚麻、大麻等粉尘可引起棉尘症；吸入聚氯乙烯、人造纤维粉尘可引起非特异性慢性阻塞性肺病；吸入被霉菌、细菌或血清蛋白污染的有机粉尘可引起职业性变态反应性肺泡炎等。

粉尘性支气管炎、肺炎、哮喘性鼻炎、支气管哮喘等。

2. 局部造成的作用。

当粉尘作用于呼吸道粘膜时，早期会引起功能亢进、粘膜下毛细血管扩张充血，粘液腺分泌增加，久而久之很容易酿成肥大性病变，然后由于粘膜上皮细胞营养不足，造成萎缩性病变，呼吸道抵抗力下降。同时，体表长期接触粉尘的还可导致堵塞性皮脂炎、粉刺、毛囊炎等。金属磨料可引起角膜损伤、混浊。沥青粉尘可引起光感性皮炎。

3. 中毒作用。

吸入铅、砷、锰等粉尘可在呼吸道粘膜很快溶解吸收，导致中毒。

二十、生产性粉尘的防护措施有哪些？

预防生产性粉尘的最根本措施是，用工程技术措施消除或者降低粉尘的危害。

1. 改革生产工艺过程、革新生产设备，是消除粉尘危害的主要途径

如利用遥控操纵、计算机控制、隔室监控等措施来避免务工人员直接接触粉尘；用含石英低、危害较小的石灰石代替石英砂作为铸型材料；采用风力运输、负压吸砂等措施来减少粉尘外溢。

2. 个人防护和个人卫生

在作业现场防降尘措施不符合国家卫生标准时，务工人员可以佩戴防尘护具，其中效果较好的有防尘安全帽、送风头盔、送风口罩等。

3. 湿式作业。湿式作业是一种既经济又简单实用的防尘、降尘措施，如可以采用湿式碾磨石英、耐火原料，矿山湿式凿岩，煤层高压注水，井下运输喷雾洒水等，这样可在很大程度上防止粉尘飞扬，降低作业场所粉尘浓度。同时在进行湿式作业时，需考虑喷雾水滴大小与捕捉尘粒能力间的关系，节约用水，提高效率，并注意水的再利用，避免污染水源。

4. 密闭抽风除尘。对不能采取湿式作业的场所，应采用密闭抽风除尘的方法。如可以采用密闭尘源和局部抽风相结合，以防止粉尘外溢。抽出的含尘空气在经除尘装置（如静电除尘）处理后才可以排入大气。

二十一、尘肺病人有哪些临床表现？

尘肺病人的临床表现主要有咳嗽、咯痰、胸痛、呼吸困难四大症状，少数的一些病人可能还会有喘息、咯血以及某些全身症状。

早期尘肺病人的咳嗽现象不明显，但随着病程的进展，咳嗽会变得明显加重。特别是合并慢性支气管炎或合并肺部感染者，咳嗽

会变得非常严重。吸烟病人咳嗽较不吸烟者会更加地明显。

尘肺病人即使在咳嗽很少的情况下，也会有咯痰。痰呈黄色粘稠状或块状，常不易咳出。煤工尘肺病人痰多为黑色，其中可明显地看到有煤尘颗粒。

几乎每个尘肺病人或轻或重都会伴有胸痛，其中以矽肺和石棉肺病人更为多见。胸痛的部位一般不固定，多为局限性；疼痛的性质也多不严重，一般为胀痛、隐痛、针刺样痛等。

尘肺病人的呼吸困难是和病情的严重程度密切相关的。肺部合并症的发生可明显加重呼吸困难的程度和发展速度，并可累及心脏，发生肺源性心脏病。

二十二、从事粉尘作业的工作职业健康检查包括哪些项目?

粉尘作业工人的职业健康检查有上岗前的职业健康检查、在岗期间的职业健康检查、离岗时的职业健康检查和离岗后的医学随访四种。

不同的健康检查体检项目有所不同，总的来说，除职业史、症状的询问以及内科常规检查外，上岗前、在岗期间、离岗时的职业健康检查都需要进行后前位 X 射线高仟伏胸片、肺功能、心电图的检查，离岗后的医学随访只需要拍摄后前位 X 射线高仟伏胸片。

【小贴士】

具体的检查项目和周期可以从我国的《职业健康监护技术规范》（GBZ188 - 2007）中查到。

预防尘肺病的关键在于最大限度地防止有害粉尘的吸入。只要措施得当，尘肺病是完全可以预防的。

尘肺病目前尚无特效的治疗药及根治的办法。主要是采用综合治疗，即在用药治疗的同时积极对症治疗，预防并发症的发生，并增强营养，进行适当的体育锻炼。我国多年来研究的一些矽肺治疗药物，在临床试用中观察到可以减轻症状、延缓病情进展，但确切疗效尚有待继续观察和评估。

二十三、什么是生产性毒物？

在生产过程中使用、产生的有毒物质，统称为生产性毒物。生产性毒物在一定条件下可以通过不同的途径进入人体而引起中毒，有的毒物具有局部刺激性，致敏性及腐蚀作用，或引起免疫功能或其他生理功能改变，而使人易患病或促使原有疾病的病情加重，病程延长。有的还可致肿瘤，致畸胎及诱发遗传变异等作用。

劳动者在生产过程中由于接触毒物而造成中毒的称为职业中毒。

毒物在生产过程中常常以多种形式出现，同一化学物质在不同行业或不同生产环节显现出不同的形式，主要有以下几种：

1. 原料，如制造氯乙烯所用的乙烯和氯；制造颜料、蓄电池所用的铅。

2. 辅助材料，如橡胶行业用苯及汽油作溶剂；生产乙醛时用汞作催化剂。

3. 夹杂物，如某些金属、酸中夹杂的砷。

4. 中间产品（中间体），如制造苯胺时，硝基苯是中间体。

5. 成品，如农药厂生产的对硫磷、乐果。

6. 副产品或废弃物，如炼焦时产生的煤焦油、沥青；含碳物质燃烧时产生的一氧化碳；粘胶纤维厂、制革厂等产生的硫化氢；冶炼中产生的二氧化硫。

按照生产性毒物在生产环境中存在的形态可以将其分为以下几类：

1. 固体，如氰化钠、对硝基氯苯；

2. 液体，如苯、汽油等有机溶剂。这两种形态存在的生产性毒物，如果不挥发，也不接触皮肤，那么就比较安全。

3. 气体，指常温、常压下呈气态的物质，如由化工厂管道、容器或反应器逸出的氯化氢、氰化氢、二氧化硫、氯气等。

4. 蒸汽是指固体升华、液体蒸发或挥发时形成的汽体。凡沸点低、蒸汽压大的物质都易形成蒸汽。对液态物质加热、搅拌、喷雾、通气及超声处理时可加速其挥发；暴露面积大也能促进其挥发，如喷漆作业中的苯、汽油、醋酸酯类等的蒸汽。

5. 粉尘则指能较长时间悬浮在空气中的固体微粒；

6. 烟尘多为为悬浮在空气中直径小于0.1μm的固体微粒。某些金属熔融时所产生的蒸汽在空气中迅速冷凝或氧化形成烟，如熔炼铅时产生的铅烟，熔铜铸铜时产生的氧化锌烟。有机物质加热或燃烧时也可产生烟，如农药熏蒸剂燃烧时产生的烟。

7. 雾是指悬浮于空气中的液体微滴，多由于蒸汽冷凝或液体喷洒而形成的。如喷洒农药时的药雾；喷漆时的漆雾；电镀铬时的铬酸雾；金属酸洗时的硫酸雾。

8. 生产性毒物也可以以分解产物或“反应产物”的形式出现，如聚氯乙稀塑料制品加热到160－170℃时分解产生氯化氢；用四氯化碳灭火器消防时，四氯化碳与明火或灼热金属物体接触时氧化生成光气。

二十四、可能与生产性毒物接触的机会有哪些？

工人在生产劳动过程中主要有以下一些操作或生产环节可能会接触到生产性毒物。

1. 原料的开采与提炼。开采过程中可能形成粉尘（如锰矿中的锰尘），逸散出蒸汽（如汞矿）；冶炼的过程中可能产生大量蒸汽或烟（如炼铅）。

2. 材料的搬运与储藏。固态材料产生的粉尘可吸入或者经过皮肤进入人体（如有机汞农药）；液态材料可能由于包装渗漏而经过皮肤进入人体（如苯的氨基、硝基化合物）；储存气态毒物的钢瓶泄漏（如氯气）而经呼吸道进入体内的。

3. 材料的加工与准备。固体材料的粉碎、研磨、过筛、配料以及拌料的过程均可能有粉尘产生。分装液态有毒物质时会沾染皮肤、衣服等。

4. 加料。固态原料的手工加料可能导致粉尘飞扬；液态原料的手工加料时也可能有蒸汽逸出；污染操作者的身体和地面。

5. 化学反应。某些化学反应如控制不当或加料失误很可能会发生意外事故。如产热或产气的反应如进行得太快可发生冒锅或冲料，使物料喷出反应釜；易燃性物质反应过激，控制不当可发生爆炸，化学反应过程中可释出有毒气体，有的可同时带出有害的雾滴，利用回收的废料作原料，或原料本身不纯，这样的反应过程中也可能有夹杂物逸出。

6. 完成操作。这是指完成反应后的操作成品、中间体或残余物料的出料时，也会放出有害蒸汽。如物料是固态的，有时工人须进入反应釜内进行操作，物料输送管道或出料口发生堵塞，工人进行处理时接触情况更严重，对成品进行离心处理时可有雾滴甩出，成品的结晶过程有时须用有机溶剂而有蒸汽逸出，成品的粉碎、烘干、包装、分装过程中，很可能有粉尘飞扬，或有毒蒸汽逸出，污染皮肤与衣服。

7. 辅助操作。采取样品、搬运废料、检修设备等过程可有气体逸出，或者液体逸出，而产生污染双手或体表等。

8. 生产过程中的应用。如在开矿时掘进作业使用炸药爆破。

9. 其他。有些作业虽未使用有毒物质，但在特定情况下也可接触到毒物而发生中毒。如修船作业气割旧船体时接触铅烟；进入地窖，用氧乙炔焊接或切割聚四氟乙烯配件可接触氟塑料热解物；矿井下可发生硫化氢中毒；检修带汞设备可致汞中毒。

二十五、防护职业中毒的技术措施有哪些？

职业中毒是因为工作环境中的生产性毒物造成的，因此要预防职业中毒，必须采取综合的治理措施，具体方法如下：

1. 彻底消除毒物。用无毒或低毒的原料代替有毒或高毒的原料，如用无汞仪表代替有汞仪表，使用苯作溶剂或稀释剂的油漆，其稀料改为二甲苯等，应注意使用的替代物不能影响产品质量。

2. 有效降低毒物的浓度。减少人体接触毒物水平、保障工作人员的身体健康是预防职业中毒的关键。其关键技术是加强技术革新和通风排毒措施，将环境空气中毒物浓度控制在容许浓度以下。

(1) 技术革新：对生产有毒物质的作业，原则上采取密闭生产，尽量采取遥控和程序控制，应用先进技术和工艺，最大限度减少操作者接触毒物的机会。

(2) 通风排毒：在有毒物质生产过程中，应采用局部通风排毒系统，将毒物排出。最常用的局部通风排毒装置有排毒罩、排毒柜以及槽边吸风等，可以根据生产工艺和毒物的性质、发生源以及生产设备的不同特点而选择合适的排毒装置，使工作场所有毒物质的浓度达到国标的要求。

3. 工艺、建筑的布局：生产工序的布局应符合职业卫生要求。有毒物逸散的作业应根据毒物的毒性、浓度和接触人数等，对作业区实行区分隔离，以免产生叠加影响。对于可产生有毒粉尘飞扬的厂房，应防止尘毒二次飞扬；对有害物质发生源，应布置在下风侧，如布置在同一建筑物内时，放散有毒气体的生产工艺过程应布置在建筑物的上层。

4. 个体防护。个体防护是预防职业中毒的重要辅助措施。个体防护用品包括防护帽、呼吸防护器、防护面罩、防护眼镜、防护服和皮肤防护用品等。在使用它们时，应对使用者加以培训；选择个人防护用品应注意其防护特性和效能。平时应经常对其保持良好的维护，才能很好发挥效用。在有毒物质作业场所，还应设置必要的卫生设施，对能经皮吸收或局部作用危害大的毒物还应配备皮肤和眼睛的冲洗设施。

5. 职业卫生服务。用人单位应对作业场所空气中的毒物浓度进行定期或不定期地监测和监督；认真做好上岗前和定期健康检查，对接触有毒物质的人群实施健康监护，排除职业禁忌，防止早期的健康损害，并及时采取有效预防措施。

二十六、在哪些情况下可以接触到铅？

务工人员可能接触铅的职业有：铅矿开采、金属冶炼、熔铅、熔锡；蓄电池制造与修理；印刷行业；用于制造镇重物，如铅球等；陶瓷釉料、玻璃、景泰蓝、农药制造；油漆颜料生产与使用；

焊接、造船；塑料制造、化工设备和管道的衬里、制造四乙基铅；制造合金、轴承合金、电缆包皮与接头、铅槽与铅屏蔽之修造；军工生产等。

同时还有一些其他的接触机会：长期使用铅壶或含铅之锡壶烫酒饮酒，服用含铅的中药偏方（如黑锡丹、密陀僧、樟丹或铅丹等）治疗癫痫等疾病，将铅白当成碱面或当成石膏而误食等，可致急性或亚急性中毒。儿童捡食含铅的脱落油漆墙皮或啃咬含铅油漆漆过的玩具，亦可引起中毒，但一般不会急性中毒。

铅及其无机化合物一般不经皮肤吸收，可以通过呼吸道与胃肠道吸收。有机铅如醋酸铅可由少量经皮肤吸收。

经常接触铅的工人应穿工作服，切忌不得穿工作服进食堂、宿舍和其他场所；不在车间内吸烟进食；下班后要洗澡换洗衣服，不将工作服同家庭装放一起清洗；饭前要用肥皂洗手。车间铅尘浓度高时，工作人员应佩戴防尘口罩，定期做健康检查。

二十七、铅对健康的影响有哪些？

铅对人体没有任何的生理功能，但是却会产生多种不良的影响。铅对全身各系统和器官均有毒性作用，主要危害人的神经、造血、消化、肾脏系统；另外对儿童的生长发育及生殖系统都有一定的毒害作用。

1. 铅对神经系统的影响。铅对人体神经系统是一种极为敏感的毒物。重症患者可发生铅中毒性脑病。职业性铅中毒性脑病目前已很少见。此种情况多见于非职业性中毒，急性和慢性均可发生，如小孩啃咬涂有含铅油漆的玩具或捡食含铅油漆刷过的墙皮；长期饮用铅污染的饮料等，成人亦可发生。铅还可引起中毒性周围神经病，以运动功能受累为主，临床表现主要是伸肌无力。重症患者有“铅麻痹”或“垂腕”表现。

2. 铅对造血系统的影响。铅对造血系统的影响主要是抑制卟啉代谢，进而影响血红蛋白的合成，最后引起贫血。铅毒性引起的贫血不仅是由于血红蛋白合成减少，也是由于铅引起红细胞膜破裂导致溶血。慢性铅中毒时以影响血卟啉代谢为主，溶血作用并不重要；急性铅中毒时溶血作用较明显。

3. 铅对消化系统的影响。铅中毒可引起消化系统分泌、运动功能异常。常伴有口内有金属味、食欲不振、恶心、腹胀、便秘、腹部不定部位的隐痛等。中等及较重的患者，突然发作腹部绞痛。急性铅中毒，可直接损害肝细胞，并使肝内小动脉痉挛引起局部缺血，发生急性铅中毒性肝病；职业性的慢性铅中毒引起的肝脏损害并不明显。

4. 铅对肾脏的影响。铅能引起肾小管功能障碍甚至造成损伤，早期肾脏损害经治疗可能恢复，但是后期肾脏损害可能会导致肾功能不全。

5. 其他。有研究报道称，铅对心血管也有影响，可引起高血压，还可影响生殖系统，导致女工不孕、流产及怪胎等现象，也可以引起男性精子活动度减低以及畸形精子增多等。

二十八、镉中毒的临床表现有哪些？

一般镉中毒分为慢性中毒和急性中毒：

1. 慢性中毒。

（1）肾脏损害：早期主要表现为近段肾小管重吸收功能障碍，出现 β2－微球蛋白、视黄醇结合蛋白、溶菌酶和核糖核酸酶等低分子量蛋白在尿中排出量的增加，即所谓“肾小管性蛋白尿”。进而高分子量蛋白也会因肾小球的损害而排泄增加。在发生蛋白尿的同时，也会出现氨基酸尿、糖尿、磷酸盐尿和尿钙的排出增加，血清 β2－微球蛋白和肌酐增高。晚期由于肾脏结构的损害，也会引起慢性间质性肾炎。通常镉引起的肾功能异常发展缓慢，严重肾功能衰竭的非常少见。但即便后来脱离接触铅的工作环境，肾功能障碍仍会持续存在。

（2）骨骼损害：严重慢性镉中毒患者在晚期会出现骨骼损害，具体表现为骨质疏松、骨软化和自发性骨折。患者会感觉背部四肢疼痛、行走困难。用力压迫骨骼后会有疼痛感，X 射线检查可发现假性骨折。

(3) 肺部损害：有慢性阻塞性肺病、肺气肿和肺纤维化等类型。相关调查表明，在没有吸入较高浓度镉烟所致急性或亚急性发作时，镉引起的肺部异常通常比较轻微。一般明显的肺功能异常出现在发生蛋白尿之后。

(4) 其他：轻度贫血、嗅觉丧失、鼻黏膜溃疡、门齿及犬齿颈部黄色环，偶有轻度肝功能异常。

2. 急性中毒。

(1) 吸入中毒：短期内（不超过1小时）吸入新产生的含镉烟雾，经数小时潜伏期后，接触人员会出现乏力、头晕、头痛、胸闷、鼻咽部干燥、咳嗽、四肢酸痛、寒战发热等类似金属烟热的症状，并伴有肺功能明显异常，这种症状一般几天内即可痊愈。如果吸入的浓度更高或接触时间延长，那么在经几小时或者1天后，接触者可发生化学性支气管炎、肺炎或肺水肿，咳嗽加剧、胸痛、呼吸困难、咳大量粉红色泡沫痰或粘痰，并可伴有呕吐、恶心。

(2) 口服中毒：食入采用镀镉容器调制或贮存的酸性食物或饮料后，接触人员在几分钟或者几小时后，会出现腹痛、呕吐、恶心、腹泻等胃肠道刺激症状，严重者会出现大汗、虚脱、抽搐、眩晕等症状，并且很可能由于脱水而休克，甚至出现急性肾功能衰竭而死亡。此外，少数在工作场所饮食、吸烟或嗜好咬手指的工作人员，也可因摄入污染手上的镉尘而出现胃肠道症状。

【小贴士】

预防镉中毒的关键在于消除镉污染源、严格控制镉源和镉毒排放。冶炼和使用镉的生产过程应有排除镉烟尘的装置，并装有密闭设备。镀镉金属板在高温切割和焊接时，应在通风良好的条件下进行，操作人员应佩戴防毒面具。工作人员应定期体检，特别要定期测定尿镉和尿中低分子量蛋白。一旦发现镉中毒病人应及时调离镉作业工作场所。

二十九、汞的种类以及对人体的危害?

汞是一种化学元素，与其相应的化学物质有：金属汞、无机汞、有机汞等。

金属汞是一种液态的银白色金属，在常温下易挥发。

无机汞大多数呈粉末状，主要存在工业原料、药物及污染的水体中。有硫化汞、氯化汞、硝酸汞等，无机汞化合物可通过皮肤、呼吸道、消化道吸收；

有机汞是指含有汞的有机化合物，如有机汞农药、甲基汞等。其中甲基汞是环境中最主要的有机汞。

在一定的条件下，不同形态的汞之间是可以互相转化的。例如水体中的汞在有机物质的作用下会氧化生成无机汞，某些工业废水中的汞也可以还原生成元素汞。另外，微生物，尤其是水生系统中的微生物可以把无机汞转化为甲基汞。

产生金属汞的途径很多，例如汞矿的开采与汞的冶炼等。其中的土法火式炼汞，对空气、水质、土壤都有污染；用热汞法生产时的危害更大；在校验和维修汞温度计、血压计、流量仪、控制仪、液面计、气压表、汞整流器，制造荧光灯、紫外光灯、电影放映灯、X线球管等时都会造成金属汞的泄露；另外，以汞齐方式提取金银等贵金属、镀金以及馏金等；钚反应堆的冷却剂等，均会接触到金属汞。金属汞粘度小，流动性较大，当洒落到地面或桌面上时，会形成无数的小汞珠使蒸发面积扩大，并很容易流入缝隙不易清除。在生产和使用过程中主要以蒸气形态经呼吸道进入人体引起中毒。金属汞经呼吸道吸收后的毒性很大。据报道，人体吸入 $1\sim3mg/m^3$的汞蒸气后，数小时即可发生急性中毒。但是经其他途径接触金属汞的，则很难引起人体中毒。汞蒸气主要引起中枢神经系统损害及口腔炎，高浓度还可引起肾脏损害，对皮肤有刺激作用。

汞容易透过血脑屏障，主要蓄积在脑干和小脑中。体内的大部分汞会经肾脏排出，经消化道排出一部分，少量汞可以经唾液、乳汁、汗液和月经排出以及以蒸气的形式经肺排出。高浓度的汞可与细胞膜内的磷酰基结合，也可与酶系统中的羧基、氨基、羟基结合。汞经唾液排出时，会与口腔内的食物残渣分解产生的硫化氢作用生成硫化汞。硫化汞对口腔粘膜有很强的刺激作用。

三十、急性汞中毒应当如何判断？

人体在短期内接触到大量的汞蒸气时，会出现发热、头痛、头晕、震颤等症状，并具有下列一项症状的：（1）口腔牙龈炎；（2）胃肠炎；（3）急性支气管炎的，即可诊断为急性轻度汞中毒。严重汞中毒时会出现明显的肺、肾脏及中枢神经系统的损害。

怀疑汞中毒的人员可以到医疗卫生机构检测尿汞。尿汞反映了近期接触的汞水平。急性汞中毒时，尿汞往往明显高于正常参考值。

三十一、哪些场所的工作人员会接触到苯？

苯是一种有特殊芳香味的无色液体，微溶于水，易挥发，遇明火高热时极易燃烧爆炸，可经皮肤或呼吸道进入人体。

苯主要用作蜡、油、脂、橡胶、树脂、油漆、喷漆和氯丁橡胶等的溶剂，是合成化学制品和制药工业的中间体，如苯乙烯、苯酚、合成橡胶、合成洗涤剂、合成染料、化肥、炸药以及农药等。苯在制鞋、橡胶、箱包、医药生产等行业中的应用较多。工业汽油与甲苯、二甲苯中苯的含量可高达10%以上。在苯的生产、使用、运输和储藏等过程中，操作人员都很容易接触到苯。

人体在短时间内吸入大量的苯蒸气极可引起急性苯中毒，主要表现为中枢神经系统的症状。在起初会出现流泪、咽痛、咳嗽等黏膜刺激症状，随后会出现头晕、头痛、呕吐、恶心、神志恍惚、步伐蹒跚等酒醉状态。继续发展还会出现昏迷、阵发性或强直性的抽搐、脉细、血压下降。严重的会因呼吸和循环衰竭而造成死亡。

慢性苯中毒主要表现为损伤人体的造血系统和神经系统。慢性苯中毒的血象异常最常见的是白细胞减少，主要为中性粒细胞减少，而淋巴细胞相对增多，晚期的会出现再生障碍性贫血。神经系统的损伤最常见的表现为神经衰弱综合征，如头痛、头晕、记忆力减退、失眠、乏力等，也可有植物神经功能紊乱的现象，个别晚期病例有四肢尖端麻木和痛觉减退的现象。

此外，经常接触苯，皮肤也会因为脱脂而变得干燥，脱屑以至皲裂，也会出现过敏性湿疹等。女性如果在工作中长期接触苯会导致月经血量增多、经期延长，甚至会影响胎儿的发育和存活。

如果工作中长期接触苯，有可能导致职业性苯中毒或职业性苯所致的白血病等职业病。

以下的人员不能从事接触苯的作业，包括：患有造血系统疾病的，如各种类型的贫血、白细胞减少症和粒细胞缺乏症、血红蛋白病、血液肿瘤和凝血障碍疾病等；脾功能亢进的；严重的全身性皮肤病；月经过多或功能性子宫出血的；血小板计数低于 8 ×1010/L；红细胞计数男性低于 4 ×1012/L，女性低于 3.5 ×1012/L 或血红蛋白定量男性低于 120g/L，女性低于 110g/L；血细胞计数低于正常参考值：白细胞计数低于 4.5 ×109/L。

三十二、如何预防有机溶剂对人体产生的危害？

防止有机溶剂对人体造成危害的根本手段是，企业应改进生产工艺和生产设备；合理利用防护设施及个人防护用品，以减少工人直接接触有机溶剂的机会；对工人开展上岗前职业健康检查，如果发现有职业禁忌症的，不能从事该工作。并且，企业还应定期对有机溶剂工作场所开展职业病危害因素的监测，对接触者定期开展职业健康检查，以便早发现及时进行预防处理。

有机溶剂侵入人体的主要途径为呼吸道和皮肤，因此在选择个人防护用品的时候应重点考虑呼吸防护用品和皮肤防护用品。

呼吸防护用品主要有过滤式和隔绝式。过滤式的包括自吸过滤式的全面罩、半面罩和动力送风过滤式头罩或者面罩；隔绝式的包括供气式和携气式。皮肤防护用品有防护手套、防护服、防护眼镜、防护围裙、防护鞋等。

工作人员应根据接触的有机溶剂的种类以及场所，选用合适的防护用品。如在储槽或通风不良的室内作业场所，临时从事有机溶剂的作业时，或在有通风的室内作业场所，从事有机溶剂作业，并且每天的作业时间在1小时以内的，可选择佩戴过滤式呼吸防护用品；在曾经存储有机溶剂或其混合物且目前仍存在潜在危害的储槽作业时，或在未设置局部排风、全面通风装置，有机溶剂整齐发生源未被密闭的储槽内或通风不良的室内作业场所从事有机溶剂作业时，可选择佩戴隔绝式呼吸防护用品。

三十三、从事有机溶剂作业的工人应进行哪些职业健康检查？

应进行的职业健康检查包括以下几种：

上岗前健康检查均为强制性职业健康检查，应在开始从事有害作业前完成。

上岗以后，按周期组织工人进行在岗期间的职业健康检查，接触不同的有机溶剂或接触相同的有机溶剂但工作场所有机溶剂浓度不同，其劳动者职业健康检查的周期不同，一般是1年或2年，如苯作业场所空气中苯的浓度超标，劳动者应每年进行1次职业健康检查，如作业场所苯的浓度符合国家标准，劳动者每2年进行1次职业健康检查。

在工人准备调离或脱离所从事的有机溶剂作业岗位时，应进行离岗时的健康检查。

当发生职业危害意外事故时，对遭受急性职业危害的工人，应根据其可能接触的有毒物质对其及时进行应急健康检查。

三十四、容易发生一氧化碳中毒的行业有哪些？

1. 煤炭采选业：例如岩巷爆破、煤巷爆破、采煤打眼、机械采煤、水力采煤、采煤支护、采煤装载、井下通风。

2. 黑色和有色金属矿采选业：例如黑色矿炮采、有色矿炮采。

3. 建筑材料及其他非金属矿采选业：例如化学矿炮采、土砂石炮采、非金属矿炮采。

4. 纺织业：烧毛。

5. 电力、蒸汽、热水生产和供应业：例如水电施工。

6. 石油加工业：例如电脱盐初馏、减压蒸馏、常压蒸馏、延迟焦化、渣油减粘、制氢转化、制氢甲烷化、制氢变换、汽油精制分离、汽油加氢精制、蒸汽裂化、瓦斯脱硫、胺液闪蒸、石蜡加氢精制、丙烷回收。

7. 炼焦、煤气及煤制品业：例如炼焦干馏、熄焦、煤气净化、煤气脱氨、煤气提纯、煤气脱硫脱氰、煤气输配、煤气管道安装、黄血盐制取。

8. 碱产品制造业：例如精氨盐水碳化、重碱煅烧、石灰煅烧。

9. 无机盐制造业：例如硫化钠制取、氯化物制取。

10. 其他基本化学原料制造业：例如硫磺制取。

11. 化学肥料制造业：例如煤焦气化、合成氨净化、油气转化、电炉制磷、钙镁磷肥合成、硫酸钾合成。

12. 有机化工原料制造业：例如烃类原料裂解、裂解气急冷、裂解气净化、异戊二烯合成、甲醇合成、甲醇羰基化、羰基合成、丙醛合成、二甲基甲酰胺合成、一氧化碳氯化。

13. 林产化学产品制造业：例如木材热解、木屑炭化、松根干馏。

14. 日用化学产品制造业，例如醛类香料合成。

15. 医药工业：例如片剂压制、片剂包衣。

16. 砖瓦、石灰和轻质建材制造业：例如石灰砖瓦炉窑。

17. 机械工业：例如手工电弧焊、埋弧焊、电渣焊、气体保护焊、氩弧焊、气割、气焊。

18. 耐火材料制品业：例如耐火砖干燥、耐材烧成。

19. 石墨及碳素制品业：例如碳素煅烧、碳素焙烧、碳砂合成。

20. 磨具磨料制造业：例如磨料炼制。

21. 电气机械及器材制造业：例如灯管烧氢、灯管灌汞、灯管加热清洗、灯管热加工。

22. 电子及通讯设备制造业：例如压枪、芯柱压制。

23. 炼铁业：例如烧结点火、炼铁烧结、高炉出铁、高炉配管、高炉吹炼、热风炉操作。

24. 钢压延加工业：例如钢锭加热、钢锭轧制。

25. 铁合金冶铁业：例如锰铁高炉冶炼、锰铁高炉清灰。

26. 有色金属压延加工业：例如有色金属熔炼。

27. 重有色金属冶炼业：例如铅锌烧结、铅锌熔炼、锌镉熔炼、羰基镍制取、钴煅烧。

28. 轻有色金属冶炼业：例如氧化铝烧结、氧化铝焙烧、铝电解。

29. 稀有金属冶炼业：例如还原熔炼、银铸板、铌制取。

30. 金属表面处理及热处理业：例如淬火、渗碳、碳氮共渗。

31. 交通运输设备制造业：例如平台组装、船舶批碳。

三十五、一氧化碳中毒的临床表现以及如何施救？

一氧化碳中毒的早期表现为头晕、头痛、眼花、心慌、恶心、四肢无力等。严重中毒者会发生昏迷、死亡。

当发现有人一氧化碳中毒后，施救者必须迅速按下列程序进行救助：(1) 打开门窗通风。(2) 切断毒气来源。(3) 将中毒患者脱离现场，转移到通风良好的地方，注意保暖，解开患者的衣领、腰带，使其保持呼吸顺畅，同时拨打120，呼叫救护车，及时送到有高压氧仓设备的医院进行救治。当进入一氧化碳浓度较高的环境施救时，施救人员应严禁携带明火；当煤气浓度过高时，按响门铃、打开室内电灯产生的电火花都有可能引起爆炸。

发生一氧化碳中毒后，如果人员能得到及时抢救，大多数都能够恢复正常。但仍有部分中毒者在恢复正常后，经过一段时间，又会出现一系列的神经精神症状，如痴呆、少语、记忆力严重减退、无故傻笑或行为失常等，有的还表现为手颤、四肢肌肉发紧、步态不稳等，这些都是迟发型脑病的表现，家属最好将其及时送往医院进行进一步救治。

造成一氧化碳中毒的多是由于疏忽大意的原因，因此工作人员应提高警惕、以预防为主。生产场所中应加强自然通风，防止输送管道和阀门漏气。有条件的场所最好安装煤气报警器。工作时应严格遵守操作规程，当充分通风后才能进入工作。在一氧化碳浓度较高的环境中，必须使用相关的供气装备进行工作。

三十六、不良气象条件的危害及防护措施有哪些？

◆ 高温作业。高温作业的危害为中暑，即在高温环境下由于热平衡和水盐代谢紊乱而引起的一种以中枢神经系统和心血管系统障碍为主要表现的急性热致疾病，主要有热射病、热痉挛和热衰竭三种类型。

高温作业的防护措施主要有：(1) 改善高温作业劳动条件的根本措施是设计的合理工艺流程及设备布局、改进生产设备和操作方法。如热源应放在室外，室内的热源应放置在天窗下；自然通风时热源应布置在主导风的下风侧；(2) 通风降温，采用自然通风和机械通风。(3) 隔热，对热源采取隔热措施。如循环水炉门、水幕。(4) 个人防护：高温作业工人服装应以耐热、导热系数小而透气性好的织物制成，并能防辐射热。特殊高温作业工人须戴隔热面罩和穿防热服。(5) 补充盐和热量；(6) 合理安排作业时间和休息。

◆ 低温作业的防护措施主要有：工作地点设取暖室，做好防寒保暖，作业人员应穿戴御寒服，劳动强度适度，合理安排工作休息时间。

【小贴士】

国家规定，用人单位安排劳动者在高温天气下（日最高气温达到35℃以上），露天工作以及不能采取有效措施将工作场所温度降低到33℃以下的，应当向劳动者支付高温津贴。目前，各地都在调整高温津贴的标准，高温津贴是为保证炎夏季节高温条件下，企业生产经营活动和经济建设的正常进行，保障企业职工在劳动生产过程中的安全和身体健康，企业向职工发放的有关费用。

对于在33℃以上（含33℃）工作场所作业的人员，如果企业拒不发放高温补贴的，首先工会应主动与企业进行协调，维护职工的权益。如果用人单位仍未按规定支付劳动者高温津贴的，劳动者则即可向各区县的劳动监察部门举报，或申请进行劳动争议仲裁。

三十七、噪声的防护措施有哪些?

噪声是影响范围很广的一种生产性有害因素，在许多生产劳动过程中都会接触到。要想完全消除生产性噪声，既不经济也不太现实。

防止噪声危害的重要措施是：制定合理的卫生标准，将噪声控制在一定范围内。消除或控制噪声源的一种方法是，采用无声或低声设备代替强噪声设备，如用无声液压代替高噪声锻压。

控制噪声的传播，可以采用吸声材料、消声设备将声源隔绝。如采用隔声室、隔声罩。

必需在高噪声条件下工作的人员可以佩戴个人防护用品，如耳罩、耳塞等，并合理安排工间休息。

三十八、高空作业应注意什么?

凡在高于地面两米及以上的地点进行工作的，都应视作高处作业。

1. 凡能在地面上预先作好的工作，都必须在地面上作，尽量减少高处作业。

2. 担任高处作业的人员必须身体健康，患有精神病、癫痫病、心脏病及经医师鉴定患有高血压等不宜从事高处作业病的人员，严禁参加高处作业。凡发现工作人员有饮酒、精神不振的状态时，禁止登高作业。

3. 高处作业时，均须先搭建脚手架或采取防止队坠落措施，然后才可以进行。

4. 在坝顶、屋顶、陡坡、悬崖、杆塔、吊桥以及其他危险的边沿进行工作时，临空的一面应装设有安全网或防护栏杆，否则工作人员必须使用安全带。

5. 安全带的挂钩或绳子应挂在结实牢固的构件上或者是专为挂安全带用的钢丝绳上。禁止挂在移动或不牢固的物件上。

6. 安全带在使用前应进行检查，并定期（每隔六个月）进行静荷重试验，试验荷重为225公斤，试验时间为5分钟，试验后应检查安全带是否有变形、破裂等，并做好试验记录。不合格的安全带应及时处理掉。

7. 峭壁、陡坡的场地或人行道上的冰雪、碎石、泥土要经常清理，靠外面一侧须设1米高的栏杆。在栏杆内侧设18厘米高的侧板或土埂，以防坠物伤人。

8. 在没有脚手架或者在没有栏杆的脚手架上工作，高度超过1.5米，必须使用安全带，或采取其他可靠的安全措施。

9. 高处工作时应一律使用工具袋。较大的工具应用绳拴在牢固的构件上，不准随便乱放，防止工具从高空坠落而发生事故。

10. 不准将工具及材料上下投掷，要用绳系牢后往下或往上吊送，以免打伤下面地工作人员或者砸坏脚手架。

11. 在进行高处工作时，除有关人员处，其他人不准在工作地点的下面行走或逗留，工作地点下面应围栏或装设其他保护装置，防止落物伤人。如在格栅式的平台上工作，为了防止工具和器材掉落，应铺设木板。

12. 上下层同时进行工作时，中间必须搭设严密牢固的防护隔板、罩棚或其他隔离设施，工作人员必须戴安全帽。

13. 禁止登上不坚固的结构上（如石棉瓦屋顶）进行工作。为了防止误登，应在这种结构的醒目地点悬挂警告牌。

14. 冬季在低于零下十度时进行露天高空工作的，必要时应该在施工地区的附近设有取暖的休息所，取暖设备应有专人管理。

15. 在六级及以上的大风以及暴雨、打雷、大雾等恶劣天气，应停止露天高空作业。

三十九、什么是特种作业？

国家安全生产监督管理局相关文件规定，特种作业是指容易发生人员伤亡事故，对操作者本人、他人及周围设施的安全可能造成重大危害的作业。直接从事特种作业的人员称为特种作业人员，特种作业及人员范围包括：

1. 电工作业，包括发电、变电、送电、配电工，电气设备的安装、运行、检修（维修）、试验工，矿山井下电钳工。

2. 金属焊接、切割作业，包括焊接工，切割工。

3. 起重机械作业。包括起重机械司机，司索工，信号指挥工，安装与维修工。

4. 企业内机动车辆驾驶。包括在企业内码头、货场等生产作业区域和施工现场行驶的各类机动车辆的驾驶人员。

5. 登高架设作业。包括 2 米以上登高架设、维修工、拆除，高层建（构）物表面清洗工。

6. 锅炉作业。包括承压锅炉的操作工、锅炉水质化验工。

7. 压力容器作业。包括压力容器罐装工、运输押运工、检验工、大型空气压缩机操作工。

8. 制冷作业。包括制冷设备安装工、操作工、维修工。

9. 爆破作业。包括地面工程爆破、井下爆破工。

10. 矿山通风作业。包括主扇风机操作工、瓦斯抽放工、通风安全监测工、测风测尘工。

11. 矿山排水作业。包括矿井主排水泵工、尾矿坝作业工。

12. 矿山安全检查作业。包括安全检查工、瓦斯检验工、电器设备防爆检查工。

13. 矿山提升运输作业。包括提升机操作工、绞车操作工、固定胶带输送机操作工、信号工、拥罐工。

14. 采掘作业。包括采煤机司机、耙岩机司机、掘进机司机、凿岩机司机。

15. 危险物品作业。包括危险化学品、放射性物品的操作工，民用爆炸品运输押运工、储存保管员。

16. 经国家安全生产监督管理局批准的其他作业。

特种作业人员应符合下列几方面的条件：

（1）年满 18 周岁，且不超过国家法定退休年龄；

（2）经社区或者县级以上的医疗机构体检健康合格的；

(3）具有初中及以上文化程度的；

(4）具备必要的安全技术知识与技能；

(5）相应特种作业规定的其他条件。

符合上述规定的人员可以到有资质的中介机构接受与本工种相适应的专门的安全技术培训，经安全技术理论考核和实际操作技能考核合格后，即可取得特种作业操作证，然后就可以上岗作业；未经培训或培训考核不合格的人员，不得上岗作业。

特种作业人员的培训考核实行教考分离制度，国家安全监督管理局负责组织制定特种作业人员培训大纲及考核标准，推荐使用教材。培训机构按照国家有关机构制定的培训大纲和推荐使用的教材开展培训。各省级安全生产监督管理部门、煤矿安全监察机构或其委托的有资质的单位根据国家的考核标准组织开展考核。

特种作业操作证，由国家安全生产监督管理局统一制作，各省级安全生产监督管理部门、煤矿安全监察机构负责签发。特种作业操作证在全国通用不得伪造、涂改、转借或转让。特种作业操作证每两年由原考核发证部门复审一次，连续从事本工种十年以上的，经用人单位进行知识更新后，复审时间可延长至每四年一次。跨地区从业或者跨地区流动的施工单位的特种作业人员，可向从业或施工所在地的考核发证单位申请复审。

四十、怎样进行入职体检？

农民工朋友在找到合适的工作后，在进入新职位前应该进行入职体检。入职体检的目的是通过体检确保入职员工的身体状况适合从事该行业工作，在集体生活中不会造成传染病流行，不会因其个人身体原因影响他人。

入职体检有相对固定的体检项目与体检标准，农民工朋友应选择专业的体检中心以保证体检质量。如果用人单位有指定医院的就应该到指定的医院进行入职体检。

入职体检的注意事项如下：

(1）体检前几天要注意休息，饮食清淡，不吃辣，不喝酒，不熬夜。

(2) 体检前要保证充足的睡眠。

(3) 体检当天应空腹验血，不能吃早餐，不能喝水。

(4) 请携带身份证原件，有些医院的体检表需贴一张近期彩照。

(5) 主要体检项目：验血、验尿、X 光胸透、心电图、内科、五官等。

(6) 体检费可能要自理。

(7) 自体检日起 3 日左右可知体检结果。

四十一、如何做一名合格的员工？

在就业竞争异常激烈的今天，找到一份工作很不容易，但是不少人在好不容易找到一份工作后，没有多久就被辞职而失去工作了。据统计，其原因大都是因为没有使自己成为一名合格的员工。那么怎样才能做一个合格的员工呢？

1. 工作认真负责。这是成为一名合格员工的首要条件。对自己的本职工作一定要尽职尽责，不能马马虎虎、随便应付了事。

2. 保持上进心。作为一名单位职工，如果仅仅满足于把自己应该做的事情做好是远远不够的，还应该有更高的追求和更远大的理想。如果一个人不思进取，没有上进心，在竞争中就会逐渐处于劣势，最终被淘汰。

3. 积极参加本职工作以外的其他活动。要积极参加单位组织的其他活动，包括文艺活动、公益劳动、志愿服务等。这些活动不仅体现一个人的思想素养和对生活的态度，也给周围的其他人带来了愉快和欢乐，能够增加别人对自己的进一步了解，赢得别人的好感和赏识。

4. 不做不受欢迎的人，即虚伪的人；傲慢的人；缺乏自信的人；感情用事的人；教条的人。如果农民工朋友身上或多或少地存在这些毛病，就要努力改掉它。

5. 正确处理与他人的关系。不要随便议论别人；在工作上，尽量不要因为自己的小小得失而与同事斤斤计较；与同事一起合作时，遇到不同的观点时，应当面提出建议性的意见，尽可能不否定对方；与同事要友好相处，但不能搞小团体。处理好同上司之间的关系也是门艺术。要学会不卑不亢，所谓“不卑不亢”就是对上司不能一味地逢迎，要勇于坚持自己的见解，但不固执。当自己的利益受到明显伤害时，要敢于说不。在他人的眼里，做一个有思想、有主见、有见解以及善解人意的人。

四十二、务工人员在工作中如何提高自身素质？

1. 努力做好本职工作。要树立“干一行，爱一行”的思想。每个行业都是服务社会的途径，每个岗位都是个人发展的起点。

尽快熟悉自己的工作。在工作中边干边学，多想多问，虚心求教，细心观察，积累经验。只要善于学习，做个有心人，就能很快掌握工作要领。

要树立职业的责任意识。以高度的责任心对待自己的工作，严格要求自己，高标准高质量地完成工作任务。

静下心来。城市的就业竞争十分激烈，找到一份工作很不容易，务工人员要珍惜自己的就业机会，专心致志地投入工作。切忌这山望着那山高。

要树立自信心。城里人可以做好的事情，进城务工人员同样可以做好。要抛弃自卑的心态，勇于面对困难，充满自信地迎接工作中的各种挑战。

要牢记：无论在什么岗位上，只要在岗一天，就应当认真负责地工作一天。只有全身心地投入到工作中去，才能通过实践不断增长才干。

2. 学好文化知识。当今社会的发展日新月异，不论从事什么工作，都需要具备基本的文化素质和专业技能。不少进城人员文化水平不高，所以学习文化科学知识非常重要。

树立学习的自觉性和主动性。进城务工的工作很辛苦，业余时间不多，在务工的同时坚持学习文化科学知识，需要怀有坚强的毅力和克服困难的决心，才能做到。

要充分利用各种学习机会和学习途径。在日常业余生活中挤出时间来，多读书，多看报，多思考。应参加各地为农民工举办的文化学校和培训班。有条件的务工人员还可以参加更高层次的学习，如高等自学考试学习，以获得更高知识水平。

3. 不断提高自身的技能。进城务工人员不论是在城市长期发展，还是以后返乡务工、创业或从事农业生产，都应根据目前和今后工作的需要，努力学习和掌握相关的职业知识和技能。

随着科学技术的不断进步，新工艺、新设备、新方法不断涌现，职业技能也在不断地发展。不断学习提高职业技能是一项长期持续的任务。

学习和提高职业技能有多种途径，最重要的是以下两点：一是参加职业技术培训。这样可以系统地学习适合自己的各级、各类职业知识和技术，特别是参加新技术、新工艺的培训，不断更新自己的职业知识，掌握新的操作方法。二是在实践中增长才干。只有紧密结合职业知识和技术与实际操作，在实际工作中勤学苦练，才能熟练地掌握。另外，一些老职工有着丰富的实践经验，刚上岗的务工人员要虚心向老职工学习，通过他们的传授和帮助，可以进步得更快。

4. 制定发展规划。农民工要取得不断的进步和希望寻求更大发展，除了要不断努力提高文化科学知识和职业技能水平外，有条件的还要结合自身的实际情况，制定一个切实可行的发展规划。发展规划应包括以下主要内容：

有明确的发展目标。这个发展目标可以是掌握某一专业知识或技能的具体目标，也可以是关系自己人生理想的大目标。不论是什么目标，都应该是在充分了解和分析自身条件的基础上而确定的，只有这样，确定的发展目标才能是切实可行的。

确定发展阶段。可以把个人发展目标的实现划分为若干个不同的阶段，从低到高，从易到难，形成一个发展过程，这样才能有利于目标的最终实现。

制定切实可行的实施措施。实现发展目标的措施一定要切实可行，在实现过程中还要根据实际情况的变化及时进行调整和补充。

一旦确立了自己的发展规划，就有了自己的发展方向，更重要的是有了前进的动力，它会指引你不断前进，一步步迈向更大的成功。

四十三、在哪些情况下可以更换工作?

随着社会的发展和用工制度的改革，劳动力的流动和职业的转换已经不是什么新鲜事了，“跳槽”这个词对于很多人来说也不陌生。适时地变换工作单位或工作内容是适应城镇生活的重要方面。一般来说，在下列情况下可以考虑调换工作。

1. 违法的工作。如果务工人员发现自己所做的工作是与国家相关法律法规相违背的话，就要果断地停止工作，想办法及时脱离这样的工作单位和工作关系，必要的话可以向相关部门举报。

2. 当付出与回报不成比例时。当你认认真真地将自己的本职工作做得很出色，却并没有拿到应该得到的报酬，并且这种情况又没有很好的办法进行解决时，就应该考虑到另外的单位寻找一份待遇合理的工作。

3. 对现有的工作条件、工作环境不适应的。当用人单位的工作条件过于恶劣，危险性高，或人际关系过于复杂，以致对你的身心产生不良的影响的，那么就应及时辞掉这份工作，换一个更适合自己的工作。

4. 没有前途的工作。如果务工人员目前从事的行业、职业或岗位是个正在被淘汰的、衰落的、没有发展前景，或企业面临破产倒闭的。那么千万不要勉强干下去，一定要从这个行业或岗位上跳出来，另外寻找一个有利于自己发展的工作。

5. 自身素质提高后。许多进城务工的人员在参加工作后，积极主动的学习相关文化知识，掌握科技技能，迅速提高了自身的素质。这样，原有的简单的工作已经不适应自己本身继续发展的需要，而且又有一些从事更高级工作的机会，那么这时就需要调换自己的工作。

6. 当个人的职业兴趣发生变化时。务工人员在城镇工作生活过程中，知识、技能和兴趣都可能会逐渐发生变化。当你的兴趣与目前所从事的工作不相符时，不妨换一份自己感兴趣的工作。

7. 随着年龄的变化。务工人员随着年龄的变化，原来可以从事的一些重体力劳动，会变得越来越不适应，如果勉强做下去的话，会严重影响自身的身体健康。那么在这种情况下也要考虑适时转换工作。

四十四、换工作时需要注意哪些问题？

务工人员在计划调换工作的时候，一定要慎重对待，不能随心所欲。当由于某种原因需要调换自己的工作时，需要注意以下问题：

1. 看与用人单位签订的劳动合同是否到期。如果合同中约定需要工作 1 年，现在为止你只工作了半年就要辞职，那么一般都要承担一定的责任，比如缴纳违约金等。这些在合同中都会提到。

2. 不随波逐流。不要因为看到目前某一行业非常热门，就随大流选择这种工作。频繁转换职业的结果往往是新技术没学会，自己原有的技能也被荒废了。

3. 不感情用事。不能由着自己的性子，只因为一点小事、一点小矛盾就轻易放弃现有的工作。

4. 不好逸恶劳。任何工作都有其好的一面和不好的一面。如果只看到现有工作不好的一面，想换份待遇高、轻松的工作，那么恐怕你永远也不能如愿以偿，其结果往往会造成既丢了现在已有的工作，又找不到新的工作。

5. 不唯利是图。如果把追求高收入作为调换工作的唯一目的，而忽视了自身的条件和进一步发展的需要。以牺牲自己的长远利益来换取眼前的暂时性的利益的话，也往往会得不偿失。

6. 不好高骛远。在换工作前先要认真衡量一下自己的能力，看看自己是不是真的达到已经可以换一份更好工作的水平。如果自己的能力还达不到新工作所要求的水平，那么就不要轻易调换工作。

【案例1】

“金牌员工”这样诞生
——记全国知识型职工标兵、隧道工高级技师李友坤

（摘自腾讯新闻中心）

隧道工高级技师李友坤在2009年1月16日这一天，荣获了全国“知识型职工标兵”荣誉称号和全国“五一劳动奖章”。从参加工作到成为中国中铁隧道集团的“金牌员工”的时间刚刚满14年。

1994年，23岁的李友坤顶替退休的父亲，成为了一名中铁隧道集团最基层的隧道开挖工人。当时他已经高中毕业，并有一定的泥水工和电焊工的工作经验。这时身边的朋友都在劝他，做开挖工太不划算。但是出身于筑路人家庭的李友坤却坚持说，越是危险和艰苦的工作，越能够锻炼人。从此，李友坤踏上了隧道施工的道路。

尽管第一次真正抱起风钻时，李友坤根本不知道从何下手，可他并没有轻言放弃，而是认真地学习了起来，于是仅用了三天的时间，他就学会了打风钻；更令人瞠目结舌的是他用了一个月的时间，就成了班里的开挖主力。

李友坤下班后从不打牌、看电视，而是利用这些时间来学习《隧道开挖》、《洞内爆破》等。每当遇到不懂的地方，他都会打上问号，然后利用空余时间，虚心地向技术员和老工人们请教。于是在三个月后，他被破格提拔为副班长；六个月后，他被任命为开挖班长。1998年，李友坤参加分公司的青工技术比武，并获得了开挖工第一名。

李友坤每到一个工地，都坚持“多看、多想、多问、多干”的一贯传统，不断提高自身的工作水平。他的衣兜里随时都装着一支笔和一个小本子。每当工作中发现需要解决的问题和值得总结的经验的时候，他都会细心地记下来，然后下班后再反复思考解决的办法。就这样，经过不断地钻研，他的隧道施工技术不断提高。他在

实践中总结的“不同危岩地段超欠挖控制”、“城市浅埋大跨公路隧道爆破震动控制”等论文得到相关领域的有关专家的认可。

随着施工技术的进步和学习的深入，李友坤越来越感到自己的施工知识还存在着一定的差距。于是，他参加了西南交通大学道路与桥梁专业函授学习，同时还自学掌握了炮孔放样电脑软件、CAD制图等知识，使得自己的专业知识和技能一直走在隧道施工的前沿。

隧道施工是一项有着较高风险的工作，但是在一线施工的过程中，李友坤时刻用一名共产党员的标准严格要求自己，总是干在前、抢在前、冲在前。

在隧道施工的时候，洞内通风问题通常只能用高压风管送风解决。在长大的隧道施工过程中，特别是刚放过炮之后，洞内通常会聚集大量对人体有极大损害的烟尘，这些烟尘需要较长的时间才能排出。这时，李友坤总是比其他职工提前来到里面，使劲睁着双眼观察爆破情况，总结爆破效果。在隧道施工过程中，还时常会有因为岩层过度破碎而导致险情的事情发生，这时李友坤总是率先进入洞内，观察围岩情况，制定处理方案，然后在确保安全的前提下带领职工处理险情，他常常每天在隧道内一站就是十几个小时。从隧道洞顶上滴下来的渗水含有极强的腐蚀性成分，滴到人身上常常会使皮肤发生溃烂和流血，李友坤的身上已经有了很多疤痕。特别值得一提的是，在昆明的西园隧道施工中，遇到了比较大的流沙，他连续7天7夜都没出隧道，饭由炊事班送到隧道内，实在困极了就在泥水里躺上一会然后又接着干，一直到把流沙处理好。一次在厦深铁路大南山的隧道施工中，有200多米地段围岩特别软弱、破碎，施工的安全风险相当大。这时李友坤忍受着自己长期在潮湿环境中患上的风湿痛，翻山越岭地勘察隧道地表构造；每个施工循环，他都亲自抱着风钻打第一个炮眼，发现异常苗头立即采用技术手段仔细勘察，在确保安全的前提下组织隧道施工。

自参加工作14年来，李友坤仅仅请过一次20天的探亲假。有人给他做过统计，一天如果按加班4小时来计算，李友坤工作14

年干了别人27年的工作。李友坤在工作中还注重从细节入手，不断改进施工工艺，提高施工水平，为企业发展和经济效益的提高做出了突出贡献。他常常说到："作为一名高级技师，仅仅干好最艰苦的工作还远远不够，更重要的是要善于开动脑筋，不断改进施工工艺，提高施工水平。"

有一年，李友坤来到广州新光隧道工地。由于新光隧道的原设计是明挖，将征用野生动物园的土地，拆迁费和商业赔偿费成本太高。于是他和技术人员一起，制定了将隧道改成暗挖的施工方案，不占用野生动物园一寸土地。周全的考虑和严密的数据分析得到了业主和设计院的肯定，为国家节约了上亿元征地费，在确保安全、质量的前提下实现按期通车。

2006年李友坤临危受命，被派到武广客运专线大瑶山的2号隧道工地。他来到工地一下车，就马上蹲驻在开挖的现场，开始研究开挖围岩，布置开挖眼距，控制开挖药量。这样他仅仅用了一个月的时间，就节约混凝土2000多立方米，节约成本近90万元。同时，施工的进度也大大提高，月均进尺保持在200米以上。于是，2008年初，大瑶山的2号隧道比合同工期提前了八个月打到分界里程。后来业主又追加了200米的施工任务，可不到一个月的时间他们又完成了任务。由于进度快，爆破效果好，在大瑶山2号隧道工地，普通开挖工月收入也超过5000元。

多年来，李友坤在专心搞好技术研究，解决施工中重大技术问题难题的同时，还十分注重对年轻工人的帮助，他无私地把自己的经验传授给自己的工友。他常说："我的成长过程离不开无数老师的指导，因此，现在我也要多帮助年轻工人们尽快成长，这是对国家、企业、对老师最好的感恩和回报。"

在宜万铁路工地，李友坤不仅负责抗滑桩和涵洞的施工，还每周抽出两个晚上的时间给隧道工们讲授专业技术课。虽然一天的工作已经使得他相当疲倦了，但他全然不顾。从打眼、放炮、装药，从各类开挖机械的使用到维修，他认真地讲解着隧道开挖的每一个环节。在休班的时候，他经常来到隧道掌子面，了解员工操作情况，对不符合安全操作规范的地方，立即纠正，员工们的开挖技能有了很大的提高，隧道开挖效果也有了很大改进，提高了施工进度，保证了施工安全质量。

在厦深铁路的工地上，李友坤同样手把手地教新进场的员工怎样抱风钻、拿喷枪，带领他们学习技能。那些新参加工作的风枪手、喷浆手往往站不对姿势，导致工作十分辛苦，同时效果也不佳。这时，李友坤总是逐个进行示范纠正。当每一槽炮响后，他都会带着开挖班员工仔细观察光爆痕迹、岩石的块度、飞石的距离，以帮助他们快速地总结经验，尽快提高开挖水平。虽然厦深铁路开工才仅仅一年的时间，但李友坤指导过的开挖班已成为了全线闻名的王牌队伍，施工进度遥遥领先。目前，李友坤已经成为集团公司开挖培训主要授课和职能鉴定的老师，经他培训的年轻工人数以千计，并且其中绝大多数都成为隧道和城市地铁施工的技工骨干。

【案例 2】

两会上的美女农民工代表——朱雪芹

摘自《首席执行官 ceo. icxo. com》

朱雪芹是上海华日服装有限公司一位淳朴的外来务工者，她在短短的 10 年时间中，用自己不懈的努力、勤奋的学习催生了人生路上腾飞的翅膀。从一位初中毕业生，到上海市“三学状元”、从一位江苏农村来沪打工的普通缝纫工，到全国知识型职工标兵，不知牺牲了多少个日日夜夜，终于苦尽甘来，偿到了学习的甜头，成为职工队伍中的佼佼者。朱雪芹是一位在建设新普陀进程中涌现出来的自学成才的先进典型人物，她的先进事迹集中体现了当代青年的精神风貌，是我们在建设学习型企业、构建和谐社会中的学习楷模。

上海华日服装有限公司是一家快节奏、高要求的中日合资企业。十年前，朱雪芹刚进公司时，只有初中文化程度的她很不适应现代企业的快节奏、高要求的环境。同时，身边有的姐妹还打了退堂鼓，但是朱雪芹凭着刚强的毅力，暗下决心，要用孜孜不倦的追求，克服工作辛苦、时间少等困难，边工作边学习，以改变知识恐慌、技术恐慌的现状，不断适应现代企业下的生存环境和自身的发展。

尤其是在职工中开展的“三学”活动，给她提供了学习成材的载体和平台。她报名参加了业余高中班的学习，并且顺利地拿到了高中文凭，她为了尽快适应工作，期间她还自学了服装缝纫制作工艺技术等，成为了公司里的技术骨干。在学习中，针对工作忙，下班回到宿舍已经很晚的情况，朱雪芹为自己立下了一条规矩：一定得保证每天两小时的学习，不得落下课程。休息日，其她小姐妹们打扮得漂漂亮亮上街逛街，而她总是留在公司活动室勤学苦思。有一次在复习迎考阶段，家中来电说父亲病重，让她赶紧回家，为完成学业，她没有及时赶回家，先给家中汇去了一笔钱，让父亲看病，直到考试结束才赶回乡下探望病危中的老父。

1998 年，好学肯干的朱雪芹被公司作为技术骨干送往日本去研修为期三年的企业管理课程及服装设计专业。在日本学习期间，小朱不但要学习日语、电脑平面设计，还要参与企业管理，掌握专业技术，虽然也有机会可以去好好地浏览异国风光，但是她硬是将有限的精力全部花在了学习上，几乎没有上街。当三年的研修结束时，她获得了三张证书，四张奖状，受到日本株式会社高层领导的高度评价。

经过自身的刻苦努力和公司的培养，朱雪芹尝到了学习的甜头，也找到了自学能成才的感觉，她所学知识也在工作中得到了充分地发挥，于是在公司里成了一位既会日语又懂技术的行家。一次日本专家在车间巡检时，发现一批服装的马王带对接有偏差，在车间叽哩呱拉地嚷嚷，员工们偏又听不懂，急得日本专家满头大汗，不知如何是好，小朱闻讯，主动承担了日语翻译，及时解围，避免了一万条高级西裤的返工，受到公司领导和职工的一致称赞。

2002 年 3 月朱雪芹由于各项工作出色，被公司任命为第三车间主任，并当选为公司团支部书记。面对领导的信任、职工的拥戴和角色的转换，朱雪芹首先想到的是怎样回报企业，于是她又以更加高涨的热情投入到了应用技术的学习上。为了能用现代化手段进行服装设计，她自学了计算机技能，并取得了上海市计算机等级证书，运用电脑设计服装样板，大大提升了服装设计的水平和效率。第三车间是担负着公司高级服装制作且关系到公司品牌“一见棒”的声誉。作为车间主任的她，积极带领车间技术人员，运用已经积累和借鉴到的质量管理理念和专业技能，经常通宵达旦创新攻关，创造性地建立了严格而科学规范的质管程序，为稳定企业产品质量作出了积极的贡献。比如：车间流水线过程中的“三个标准化”：即型板标准化、工艺标准化、号型标准化；技术上的“四功”：即刀功、手功、车工和烫功；又比如把车间流水线上生产一条西裤的时间确定为2800秒，并分解到80道工序，80次质检等。朱雪芹在不断获取知识养料时常说的一句话是：学习就是为了“用”，“用”就要用心学，重要的不是知识的数量，而是知识的质量。“一见棒”是公司的主导品牌产品，已连续8年荣获名牌产品称号，兼职公司产品设计师的朱雪芹为之也付出了努力，她经常利用自己学到的知识，结合市场趋势需求，进行认真研究探索。2003年秋，由她负责设计的环保型、三防型、流畅型西裤，投放市场便一炮打响，年底使公司销售额增加30%，其中她与天津某科研单位共同研发的“一见棒”远红外线保健西裤，采用国家的专利技术研制而成，具有较好的改善微循环作用，对预防和治疗风湿性关节炎、腰部、肠部等疾病具有一定疗效，深受中老年消费者的欢迎，在投放市场后曾经一度供不应求，为此该产品荣获了上海市服装科技进步奖。

书山有路勤为径，学海无涯苦作舟。朱雪芹通过自己的艰苦拼搏，终于从一个原先只有初中文化程度的农村青年，成长为一名管理着近百名员工的现代企业管理者。但她自己也深深感到，一花独放不是春，百花齐放春满园。公司里的外来务工青年很多，他们的文化知识，专业技能，同样需要跃上一个新的台阶。这样才能提升职工的自身综合素质，增强企业在市场经济浪潮中的竞争能力。于是，她在抓好生产经营的同时，协同公司行政和工会，争取创造一切有利条件，支持和鼓励文化程度不高的外来务工青年多读书学习，并积极推进“创建学习型组织、争当知识型职工”活动。为了丰富读书活动的内容，使读书活动有所成效。朱雪芹在公司领导的支持下，在团支部内部开展了“兴我中华，知识为先”的主题读书活动，并开辟了“相约星期四”读书平台，约定每周四晚上的7点~9点，组织外来务工青年集中交流读书心得和学习体会，同时进行相应的学习辅导和讲座。这项活动从最初的只有七八人参加发展到如今的70名员工，每周四晚上公司的职工活动室人声鼎沸，热闹非凡，一些外来务工青年在生活中常遇的心事、家事，也在“相约星期四”得到疏通或解决。在外来务工青年的心目中，朱雪芹已不仅仅是一个自学成才的楷模，更是一个可以信任和依赖的“知心姐姐”。榜样的力量是无穷的。在朱雪芹的带领下，上海华日服装有限公司的“学知识、学技术、学科学”读书活动得到了蓬勃发展，越来越红火。不仅朱雪芹本人获得了共青团普陀区第十一届团代会代表、宜川集团公司最佳员工、上海市十佳“三学”状元、全国知识型职工标兵，而且她所在的车间也先后获得普陀区总工会和普陀区团委授予的“文明班组”、“共青团员”先进集团等荣誉称号。

第四部分　社会保障

一、什么是社会保险？

对于大多数外出打工的农民工来说，有一份收入不错的工作就可以了。可是，你也许不知道，如果我们参加了社会保险的话，生活会更完美。当有一天失业了，还可以有生活费用。当患病受伤，能够得到医疗保险。当年老体弱时，生活依旧有保障。

社会保险是根据国家法律规定或有关社会政策，采取强制手段，筹集专门的社会保险基金，对劳动者在年老、患病、生育、负伤、残废、死亡、失业以及发生其他生活困难时给予物质帮助的一种社会保障制度，当就业者参加社会保险后，在发生生活困难时就可以获得物质帮助，以保证个人及家庭的正常生活。其目的在于解除劳动者的后顾之忧，其资金来源于企业、劳动者个人的缴费以及政府的财政补贴。

社会保险包括四种保险，具体介绍如下：

（1）养老保险。就是给予由于年老或其他原因退休或离休的劳动者的一种生活保障。《劳动法》规定，凡是与用人单位建立劳动关系的劳动者，包括临时工和从事个体劳动的职工都应参加养老保险。

（2）工伤保险。就是指国家和社会给予在生产、工作中遭受事故伤害和患职业性疾病的劳动者及其亲属提供医疗救治、生活保障、经济补偿、医疗和职业康复等物质帮助的一种社会保障制度。

目前，农民工的工伤保险还处于起步阶段。

（3）医疗保险。就是指当人们生病或受到伤害后，由国家或社会给予的一种物质帮助。目前，国家对于农民工的医疗保险还没有明确的规定。国务院办公厅在《做好农民进城就业管理和服务工作》的通知中指出："有条件的地方可探索农民工参加医疗保险的具体办法，帮助他们解决就业期间的医疗等特殊困难。"因此，由企业自己来决定是否为农民工办理医疗保险。

（4）失业保险。就是指国家通过立法强制实行的，由社会集中建立基金，对因失业而暂时中断生活来源的劳动者提供物质帮助的一种制度。按照国家规定，城镇企事业单位招用的农民合同制工人要与本单位城镇户籍职工一样参加失业保险，区别在于缴费不同。按照规定，城镇企事业单位要按照本单位工资总额的2%按月缴纳失业保险费，城镇企事业单位中的城镇户籍职工按照本人月工资收入的1%缴纳失业保险费，但是农民合同制工人个人则不缴纳失业保险费。

就目前的状况来看，相当一部分人持有这样的观点：参加社会保险需要交纳费用，但后期又不一定会享受社会保险待遇。因此参与社会保险的积极性不高。但是国家明文规定，单位必须缴纳社会保险费并且是大部分，个人只需缴纳小部分，尤其是部分项目比如工伤保险、生育保险则由单位负担全部费用。养老保险、医疗保险还建立了个人账户，职工个人的缴费全部记入个人账户，单位缴费还要划出一部分进入个人账户。社会保险待遇每年随着社会平均工资的调整而调整，但是当社会平均工资负增长时，社会保险待遇则不变，即社会保险只升不降。

当职工参加了失业保险，就可在其丧失生活来源时，领取长达两年的失业保险金；失业职工如果患严重伤病或不幸死亡，还可获得相应的医疗补助金或抚恤费、救济费；工伤保险则是指职工在发生工伤事故之后获得医药费、住院费、伤残补偿金等。因此，参加社会保险好处多多。

二、什么是养老保险？

养老保险是社会保障制度的重要组成部分之一，是社会保险中最重要的险种之一。所谓养老保险是指国家和社会根据一定的法律和法规，为解决劳动者在达到国家规定的解除劳动义务的劳动年龄界限后，或因年老丧失劳动能力退出劳动岗位后的基本生活而建立的一种社会保险制度。这一概念主要包含以下三方面的含义：

1. 养老保险是在法定范围内的老年人完全或基本退出社会劳动生活后才自动发生作用的。所谓的“完全”，是以劳动者与生产资料的脱离为特征的；而所说的“基本”，指的是参加生产活动已不成为主要社会生活内容。在这需强调的一点是，法定的年龄界限（各国有不同的标准）才是切实可行的衡量标准。

2. 养老保险的最终目的是为保障老年人的基本生活需求，为其提供稳定可靠的生活来源。

3. 养老保险是以社会保险为手段的。

养老保险是世界各国普遍实行的一种社会保障制度，具有以下几个特点：

1. 由国家立法，强制实行，企业单位和个人都必须参加，符合养老条件的人，可向社会保险部门领取养老金；

2. 养老保险费用来源，一般由国家、单位和个人三方或单位和个人双方共同负担，并实现广泛的社会互济；

3. 养老保险具有社会性，影响很大，享受人多且时间较长，费用支出庞大，因此，必须设置专门机构，实行现代化、专业化、社会化的统一规划和管理。

三、进城务工者怎样参加养老保险？

根据国家相关规定，我国所有城镇企业及其职工以及城镇个体工商户和他的雇工都应参加基本养老保险。即：用人单位和农民工本人都须参加基本养老保险，依法履行缴费义务。

所有属于基本养老保险覆盖范围内的用人单位的职工（包括农

民工），只要你与用人单位建立了劳动关系，你就属于参加基本养老保险的对象，那么用人单位就应为你缴纳基本养老保险费。当农民工参加了基本养老保险，那么如果达到国家规定的退休条件，即可按规定领取基本养老金。通过养老保险保障其度过一个安稳的晚年生活。

1. 农民合同制职工在参加养老保险后，当与企业终止或解除劳动关系后，由社会保险经办机构继续保留其养老保险关系，保管其个人账户并计息。当其重新就业后，应接续或转移养老保险关系。

2. 当农民工本人回原籍后，可以转迁养老保险关系；也可以申请将个人账户中的个人缴费部分一次性支付给本人（如果重新参加养老保险，则缴费年限就重新从零算起），同时终止养老保险关系；如果你开始重新就业，则应重新参加养老保险。

3. 国家规定，企业缴纳养老保险费的比例应按照企业所在地的标准执行，农民工个人缴纳基本养老保险费的比例则为本人工资的8%。

4. 当职工达到退休年龄条件（男年满60岁、女年满50岁）时，并且个人缴费年限累计满15年，那么退休后则按月发给基本养老金；如果个人缴费年限累计不满15年，那么退休后不享受基本养老金，其养老保险的个人账户储存额则一次性发放给本人。基本养老金由基础养老金和个人账户养老金两部分组成，退休时的基础养老金月标准为省、自治区、直辖市或地（市）上年度职工月平均工资的20%，个人账户养老金月标准为本人个人账户储存额除以120。

5. 农民工达到申领养老保险金的年龄条件和缴纳养老保险费时间的条件时，即可以按月领取养老金。

6. 根据《国务院关于建立统一的企业职工基本养老保险制度的决定》（国发［1997］26号）第四条的规定，职工或退休人员死亡，其基本养老保险个人账户中的个人缴费部分可以继承。根据劳动部1997年12月发布的《职工基本养老保险个人账户管理暂行办法》（劳部办发［1997］116号）第四条的规定，当职工或退休人员死亡时，职工所在的单位应该首先填写离退休人员增减情况变化表和职工增减情况变化表等相关资料，报送当地社会保险经办机构进行审核；社会保险经办机构在审核有关报表通过后，按规定支付基本养老保险个人账户中的个人缴费部分。

四、进城务工者怎样计算养老保险？

有这样一句话："无论在哪干，养老保险接着算"。

农民工和其他职工一样，在不同单位就业时，养老保险关系可以转移和接续，在不同时间、地点的缴费年限可以累计计算。如果离开就业单位，养老保险关系既可以自愿按照有关规定一次性结清，也可由社会保险经办机构暂时保存其养老保险关系。

当进城务工人员达到国家规定的退休年龄时，可由保管其档案并保留其养老保险关系的单位或部门代其办理申请退休手续，和其他类型职工一样享受养老保险相关待遇。如果缴费年限达到 15 年或 15 年以上的则可按月领取养老金；缴费年限不足 15 年的，则将个人账户的储存额一次性支付给本人，进而终止养老保险关系。

五、进城务工养老保险个人账户发生转移时如何计算？

根据国家相关规定，当职工在同一统筹地区内流动时，只需转移其基本养老保险关系和个人账户档案，不需转移基金；当职工跨统筹地区流动时，除需要转移基本养老保险关系和个人账户档案外，还应转移其职工养老保险个人账户基金。对职工转移时已建立个人账户的地区，转移基金额为个人账户中 1998 年 1 月 1 日之前的个人缴费部分累计本息加上从 1998 年 1 月 1 日起记入的养老保险个人账户全部储存额。对于年中调转职工的，调出地区只需转本金不需转当年应记利息，由调入地一并计入当年应记利息。

所谓的统筹地区是指养老保险社会统筹的范围。在这个范围内，养老保险基金由统一的社会保险经办机构统一进行管理和调剂。

【链接】

返乡农民工养老保险关系如何接续？

返乡农民工在务工地已参加社会保险的，其户籍所在地或就业地社会保险经办机构要及时为其办理社会保险关系接续手续，将返乡农民工纳入当地的社会保险范围。对一时未能实现就业的，在办理社会保险关系转移的同时按有关规定进行封存。

对于农民工返乡务农的，随其转移到户籍所在地的养老保险基金，可以转入当地的新型农村社会养老保险，各县（区）新型农村社会养老保险经办机构要及时为其办理好相关接续手续。

当返乡农民工要重新到城镇就业后，这时需要与城镇职工基本养老保险制度进行衔接。各级社会保险经办机构要及时帮助他们办理相关养老保险接续手续，应基本做到随到随办。

六、什么是医疗保险？

医疗保险是国家社会保障制度的重要组成部分之一，也是社会保险的重要项目之一。医疗保险就是当人们生病或受到伤害后，由国家或社会提供医疗服务或经济补偿的一种社会保障制度。

医疗保险具有社会保险的强制性、互济性、社会性等基本特征。医疗保险制度由国家立法，强制实施，建立基金制度，费用由用人单位和个人共同缴纳。医疗保险费则由国家医疗保险机构支付，用来解决劳动者因患病或由于受伤害而带来的医疗风险。

国务院于1998年12月下发了《国务院关于建立城镇职工基本医疗保险制度的决定》（国发［1998］44号），部署要求在全国范围内全面积极推进职工医疗保险制度改革工作，要求到1999年内全国基本建立职工基本医疗保险制度。

我国的医疗保险制度自实施以来，在保障职工身体健康和维护社会稳定等方面发挥了积极的作用。但是这种制度应随着社会主义市场经济体制的确立和企业改革的不断深化而进行改革和完善。

七、进城务工者怎样参加医疗保险？

国家相关规定要求，各地要逐步实现将进城务工农民纳入医疗保险的范围。众所周知，农民工朋友如果得场大病，那么很可能会让自己和家庭陷入困境之中。如果他们参加了基本医疗保险，就可以保障其基本医疗需求。在已经将农民工纳入医疗保险范围内的地区，农民工有权要求参加医疗保险。如果农民工与当地用人单位订立了劳动合同，建立了劳动关系，那么就可以同当地职工一样参加基本医疗保险。用人单位和农民工本人应依法缴纳医疗保险费，这样当农民工患病后，就可以按规定享受有关医疗保险待遇。

1. 基本医疗保险费由用人单位和职工进行共同缴纳。职工个人缴纳的费用全部划入个人账户，由用人单位缴纳的费用的30%也划入职工的个人账户，个人账户的本金和利息归职工个人所有，可以结转使用和继承。

2. 参保期间，农民工朋友发生的医疗费用由社会保险经办机构按规定进行支付。如果个人账户中的资金不够支付时，则由个人用现金来支付。

3. 农民工朋友医疗保险的个人账户主要用于支付因病诊疗时，需要由个人负担的医疗费用，如门诊、急诊的费用，到药店买药的费用等。

4. 为了减轻企业和农民工朋友的负担，一些省份建立了适合农民工朋友参保的医疗保险办法，例如广东省，规定医疗保险费用由用人单位缴纳，个人无需缴费，不建立个人账户，主要解决农民工朋友在进城务工期间的门诊特定病种和住院医疗费用。

【链接】

新型农村合作医疗，简称“新农合”，是指由政府组织、引导和支持，农民自愿参加，个人、集体和政府多方筹资，以大病统筹为主的农民医疗互助共济制度。新农合采取个人缴费、集体扶持和政府资助的方式筹集资金。

八、什么是工伤保险？

工伤即职业伤害所造成的直接后果，是伤害到职工生命健康，并由此造成职工及家庭成员的精神痛苦和经济损失，也就是说劳动者的生命健康权、生存权和劳动权力受到影响、损害甚至被剥夺了。工伤保险是指劳动者因工作原因遭受意外伤害或因接触粉尘、放射线、有毒有害物质等职业危害因素引起职业病而造成死亡、暂时或永久丧失劳动能力时，劳动者及其遗属能够从国家、社会得到必要的物质补偿的一种社会保险制度。

劳动者在用人单位工作、劳动，必然与用人单位形成相互的劳动关系。在劳动过程中，用人单位除支付劳动者工资待遇外，如果劳动者不幸发生了事故，造成伤残、死亡或者患职业病时，劳动者就具有享受工伤保险的权利。劳动者的这种权利是由国家宪法和劳动法给予根本保障的。

1994 年 7 月 5 日国务院颁布的《中华人民共和国劳动法》，其中第七十三条的规定是："劳动者在下列情况下，依法享受社会保险待遇：……（三）因工伤残或者患职业病"。这一基本法以国家法律的形式保障了工伤者及其亲属享受工伤保险待遇。为了使劳动者切实享受到工伤保险待遇，劳动部于 1996 年 8 月 12 日公布了《企业职工工伤保险试行办法》（劳部发［1996］266 号），这一试行办法是现阶段实施工伤保险制度的政策措施，也是落实工伤待遇的主要依据。

九、进城务工者怎样参加工伤保险？

根据国家的相关规定，用人单位的全部职工（包括农民工），都应参加工伤保险。中国境内的各类企业（包括国有企业，私营企业，乡镇企业，中外合资、合作企业和外商独资企业等）以及有雇工的个体工商户均须依照《工伤保险条例》规定参加工伤保险，这些企业中的劳动者有享受工伤保险待遇的权利，农民工也不例外。工伤保险费用由用人单位缴纳，劳动者个人不需缴纳工伤保险费用。可是不少农民工朋友并不清楚自己也能从工伤保险中获益。事实上凡是与用人单位建立劳动关系的农民工，用人单位都必须及时为他们办理参加工伤保险的手续，按时缴纳工伤保险费。

劳动者在发生工伤后，应及时申请工伤认定。有下列情形之一的应认定为工伤：

1. 在工作时间，工作场所内，由于工作的原因而受到事故伤害的。

2. 工作时间前后，在工作场所内，从事与工作有关的预备性或收尾性的工作时受到事故伤害的。

3. 在工作时间，工作场所内，因履行工作职责受到暴力等意外伤害而患职业病的。

4. 因公外出期间，由于工作的原因而受到伤害或者发生事故而下落不明的。

5. 在上下班途中，受到机动车事故造成伤害的。

6. 相关法律法规规定的应当认定为工伤的其他情形的。

当劳动者有下列情形之一的，应视同为工伤：

7. 在工作时间，工作岗位，突发疾病死亡的或者在 48 小时内经抢救无效而死亡的。

8. 在抢险救灾等维护国家利益和公共利益的活动中而受到伤害的。

9. 职工原来是在军队服役，因战、因工而负伤致残，并且已取得革命伤残军人证，到用人单位后又旧伤复发的。

当劳动者有下列情形时，不得认定为工伤：

10. 因犯罪或者违反治安管理伤亡的。

11. 醉酒导致伤亡的。

12. 自残或者自杀的。

十、工伤发生后劳动者应怎样向劳动部门申报？

工伤发生后劳动者应向劳动部门申报：

1. 劳动者要督促用人单位在事故发生 15 日内向劳动部门申报，

单位如果不申报，劳动者个人也可以在30日内直接向劳动部门提出工伤申报，劳动部门将在7日内作出工伤认定结论。

2. 当劳动部门认定后，劳动者就可以按规定享受工伤待遇。

3. 当医疗期满或治疗终结后，由当地劳动鉴定委员会进行伤残等级评定。

4. 如果单位在处理工伤事故时有违法行为，劳动者则可以向劳动监察部门进行举报，也可以到劳动争议仲裁委员会进行申诉。

十一、参加工伤保险后职工能享受什么样的待遇?

根据《工伤保险条例》的规定，职工因工作遭受到事故伤害或者患上职业病的，可享受以下工伤待遇：

1. 劳动者治疗工伤时，应当在签订服务协议的医疗机构就医，情况紧急时可以先到就近的医疗机构急救。治疗工伤所需费用符合工伤保险诊疗项目目录、工伤保险药品目录和工伤保险住院服务标准的，所需的费用按照国家规定的标准从工伤保险基金支付。

2. 劳动者住院治疗工伤的，应由所在单位按照本单位因公出差伙食补助标准的70%发给住院伙食补助费；当工伤职工需到统筹地区以外就医时，经医疗机构出具证明，报经办机构同意的，所需交通、住宿费用由所在单位按照本单位因公出差标准报销。

3. 当工伤职工到签订服务协议的医疗机构进行康复性治疗时，所需的费用按照国家规定的标准从工伤保险基金支付。

4. 当工伤职工因日常生活或者就业需要，经劳动能力鉴定委员会确认，需要并且可以安装假肢、矫形器、假眼、假牙和配置轮椅等辅助器具的，所需费用按照国家规定的标准从工伤保险基金支付。

5. 职工因工伤需要暂停工作接受工伤医疗的，在停工留薪期内，原工资福利待遇不变，由所在单位支付。停工留薪期一般不超过12个月，伤情严重者或者存在情况特殊的，经市级劳动能力鉴定委员会确认，可以适当延长，但延长期不得超过12

个月。

6. 工伤职工评定伤残等级后，原待遇停发，按照有关规定享受伤残待遇。工伤职工在停工留薪期满后仍需治疗的，继续享受工伤医疗待遇。

7. 工伤职工已经评定伤残等级并经劳动能力鉴定委员会确认需要生活护理的，按照国家规定的标准从工伤保险基金按月支付生活护理费。生活护理费按照生活完全不能自理、生活大部分不能自理或者生活部分不能自理3个不同等级支付，其标准分别为统筹地区上年度职工月平均工资的50%、40%或者30%。

职工因公死亡，其直系亲属（因公死亡职工生前提供主要生活来源、无劳动能力的亲属）可以从工伤保险基金中领取一定的丧葬补助金、供养亲属抚恤金和一次性工亡补助金。

8. 丧葬补助金为6个月的统筹地区上年度职工月平均工资。

9. 供养亲属抚恤金按照本人工资的一定比例发给。配偶每月40%，其他亲属每人每月30%，孤寡老人或者孤儿每人每月在上述标准的基础上增加10%。但各供养亲属抚恤金总和不能高于死亡职工生前的工资。

10. 一次性工亡补助金标准为48个月至60个月的统筹地区上年度职工月平均工资。

工伤职工或其供养亲属在享受工伤待遇期间，出现了下列情形之一的，应停止享受工伤保险待遇：

1. 丧失享受待遇条件的，如工亡职工的子女已长大成人参加工作等；

2. 拒不接受劳动能力鉴定的，如工伤职工已经康复需要重新进行劳动能力鉴定；

3. 拒绝治疗的；

4. 被判刑正在收监执行的。

【小贴士】

即使用人单位未参加工伤保险，农民工在受到事故伤害或患职业病后，也应该由用人单位依法支付工伤保险待遇。

十二、什么是失业保险？

失业保险是社会保险的主要项目之一，是指国家通过立法强制实行的，由社会集中建立基金，对由于失业而暂时中断生活来源的劳动者提供物质帮助的一种制度。失业保险是社会保障体系的重要组成部分，社会保障体系包括社会保险、社会救济、社会福利、社会优抚安置和国有企业下岗职工基本生活保障和再就业等方面。

失业保险具有如下几个主要特点：

1. 强制性。它是通过国家制定法律、法规来强制实施的。按照规定，在失业保险制度覆盖范围内的单位及其职工必须参加失业保险，缴纳失业保险费用。根据有关规定，不履行缴费义务的单位和个人都应当承担相应的法律责任。

2. 普遍性。它主要是为了保障有工资收入的劳动者失业后的基本生活而建立的，其覆盖范围包括劳动力队伍中的大部分成员。因此，在确定适用范围时，参保单位应不分部门和行业，不分所有制性质，不分其职工的用工形式，不分家居城镇、农村，解除或终止劳动关系后，只要本人符合条件，都有享受失业保险待遇的权利。我国失业保险适用范围的变化情况，呈逐步扩大的趋势，从国营企业的四种人到国有企业的七类九种人和企业化管理的事业单位职工，再到《失业保险条例》规定的城镇所有企业事业单位及其职工，充分体现了普遍性原则。

3. 互济性。失业保险基金主要来源于社会筹集，由单位、个人和国家三方共同负担，缴费比例和缴费方式相对稳定，筹集的失业保险费，不分来源渠道和缴费单位的性质，全部并入失业保险基金，在统筹地区内统一调度使用，发挥互济功能。

十三、进城务工人员怎样参加失业保险？

国家有关规定要求，用人单位应依法按规定为农民工参加失业保险。当农民工劳动合同期满未续订或提前解除劳动合同的，一时找不到工作时，符合规定条件的，应由社会保险经办机构按规定支付一次性生活补助。按规定享受失业保险给你的帮助。

值得一提的是，农民工本人不需要缴纳失业保险费。如果劳动者在单位已经连续工作满1年，用人单位已缴纳失业保险费，劳动者可以持用人单位为其出具的终止或者解除劳动关系的证明，及时到失业保险经办机构办理失业登记并主动求职。在这种情况下，劳动者可以申领失业保险金，并享受其他失业保险待遇。农民合同制工人失业后享受的是一次性生活补助费。缴纳失业保险费满1年的按其失业前月缴费工资12%发给，以后多缴纳一个月的失业保险费加发月平均工资的1%。

十四、申领失业保险金应具备什么条件？

国家有关法规规定，参加失业保险的城镇企业事业单位职工失业后要领取失业保险金，必须符合以下条件：

1. 劳动者按照规定参加失业保险，所在用人单位和本人已按照规定履行缴费义务满1年的，这是最主要的条件。按照规定参加失业保险是指，失业人员原来在城镇企事业单位工作，并非新生劳动力，如刚毕业的学生。按规定履行缴费义务，即按规定的缴费基数、费率和缴费时间缴纳失业保险费。

2. 非因本人意愿中断就业的。一般来讲，中断就业的原因包括两种：

(1) 非自愿中断就业，即失业人员不愿意中断就业，但因本人无法控制的原因而被迫中断就业的。

(2) 自愿中断就业，即失业人员因自愿离职而导致失业。

国际上的通行做法是将自愿中断就业的人员排除在享受失业保险待遇的范围之外。我国的《失业保险条例》借鉴国际经验，将自愿离职而失业的人员排除在享受失业保险待遇的范围之外。

3. 已办理失业登记，并有求职要求的人员。办理失业登记是失业人员领取失业保险金的必经程序，这样做的目的是为了掌握失业人员的基本情况，确认其资格。失业登记是失业人员进入申领失业保险待遇程序的重要标志。但是，失业人员要享受失业保险待遇，还必须得有求职要求。这主要是考虑到失业保险的一个重要目的是促进失业人员再就业。为了实现这一目标，需要加快经济发展，创造更多的就业岗位，同时，也需要发展和完善就业服务事业，为失业人员实现再就业提供服务；另一方面，也要求失业人员积极主动地利用各种就业机会和就业服务设施，不断提高自身素质，增强竞争就业的能力。可以说，这是享受失业保险待遇的一个前提，也是失业人员应尽的义务。

在社会主义条件下，就业权是劳动者的一项基本权利，失业人员作为劳动者的一部分，同样享有这样的权利。从这个意义上讲，失业人员有选择就业或不就业的自由。希望申领到失业保险金的失业人员应积极寻找工作，使其在得到基本生活保障的同时，也可以获得必要的就业服务，从而尽快实现再就业，从根本上解决失业问题。

在认定失业人员是否有求职要求时，应以其是否在职业介绍机构进行过登记求职，并参加再就业活动为衡量的标准。

失业人员必须同时满足上述三个条件，才有资格申请领取失业保险金及其他待遇。对不符合申请条件的，失业保险经办机构应该拒绝其申请，并告知其拒绝的理由。

十五、申领失业保险金有哪些程序？

我国《失业保险条例》规定：

用人单位应当及时为失业人员出具终止或者解除劳动关系的证明，告知其按照规定有享受失业保险待遇的权利，并将失业人员的名单自终止或者解除劳动关系之日起7日内报社会保险经办机构备案。职工失业后，应当持用人单位为其出具的终止或者解除劳动关系的证明，及时到指定的社会保险经办机构办理失业登记。失业保险金自办理失业登记之日起计算。

失业人员申领失业保险待遇时，应当按照一定的程序进行：

1. 由其失业前所在的用人单位为其出具终止或解除劳动关系的证明。城镇企业事业单位的职工失业，分为两种情形：

（1）终止劳动合同，即用人单位和职工双方在合同中约定的期限已到期或者双方约定的合同终止条件出现，合同终止履行，单位不再与其续签劳动合同，从而造成失业。

（2）解除劳动合同，即用人单位和职工双方提前终止履行劳动合同。根据劳动法的规定，解除劳动合同的具体条件为：

一是经过双方协商同意解除劳动合同；二是用人单位可以在符合下列条件的情况下自行解除劳动合同：①劳动者在试用期间被证明不符合录用条件的，严重违反劳动纪律或者用人单位规章制度的，严重失职、营私舞弊、对用人单位利益造成重大损害的，被依法追究刑事责任的；②劳动者患病或者非因工负伤的原因，在进行治疗后，不能从事原工作，也不能从事由用人单位另行安排的工作的；③劳动者不能胜任工作，并且在经过培训或者调整工作岗位后，仍不能胜任工作的；④劳动合同订立时所依据的客观情况发生变化，致使原劳动合同无法履行，但是经双方协商后，不能就变更合同达成一致协议的；⑤用人单位濒临破产进行法定整顿期间的，或者其生产经营状况发生严重困难的，确实需要裁减人员的。值得注意的是：用人单位在劳动者患职业病或者因工负伤并被确认为全部丧失或者部分丧失劳动能力时，患病或者负伤并在规定的医疗期内，女职工在孕期、产期、哺乳期内及法律、行政法规规定的其他情形出现时，而解除劳动关系的，其行为视为无效，这时劳动者应当通过申请劳动争议仲裁维护自己的合法权益。

根据享受失业保险待遇条件的规定，除失业人员在主动辞职的情况下不能享受失业保险待遇外，由于上述原因造成失业的，均可申领失业保险待遇。另外，如果失业人员是因为用人单位以暴力、威胁或者非法限制人身自由的手段强迫其劳动，未按照劳动合同约定支付劳动报酬或者提供劳动条件而主动解除劳动关系的，也可以享受失业保险待遇。

用人单位应当为失业人员出具解除或终止劳动关系的证明，在证明中应当注明失业人员的姓名、年龄等基本情况以及解除或终止劳动关系的时间、原因等内容，并需要告知失业人员是否可以享受失业保险待遇、应当在多长时间内向哪个经办机构提出申领申请等等。

2. 用人单位应将失业人员的名单在7日内报所在地社会保险经办机构进行备案。

3. 职工失业后，可以选择是否申领失业保险待遇。愿意申领的，应当持本人身份证、用人单位出具的终止或解除劳动关系的证明等相关材料，及时到失业保险关系所在地的失业保险经办机构办理申领登记手续。

4. 失业保险经办机构需对申领申请进行审核，内容包括：申请人提供的证明材料是否真实可靠、申请人参加失业保险和缴纳失业保险费的情况、是否进行过失业登记和求职登记等。经审核符合申领条件的，应当为失业人员办理领取失业保险金的有关手续。对不符合领取条件的申请人，应当书面告知其理由，并告知申请人有异议时可在多长时间内向哪一个劳动保障行政部门提出复议申请。

5. 领取失业保险金。经失业保险经办机构办理领取失业保险金手续后，失业人员就可以按月到同一个失业保险经办机构领取失业保险金，或由失业保险经办机构开具单证，到指定的银行领取失业保险金。失业保险金自办理失业登记之日起计算。

《失业保险条例》并未对失业人员进行失业登记的期限作具体规定。省级人民政府可以根据本地情况，规定失业人员应当在解除或终止劳动关系之日起多长时间内办理失业登记。对失业人员来说，可以在解除或终止劳动关系的第二日至当地规定的登记最后期限之日的任何一个工作日到失业保险经办机构办理失业登记。对有正当理由，如未被告知失业保险有关权利、因疾病、自然灾害等原因无法在规定期限内办理登记手续的，失业人员可以向经办机构说明情况并提供相关证明，经办机构认可后，应正常为其办理登记手续。

十六、失业人员可以享受哪些失业保险待遇？

《失业保险条例》规定：失业保险待遇由失业保险金、医疗补助金、丧葬补助金和抚恤金、职业培训和职业介绍补贴等构成。

1. 失业保险金是失业保险待遇中最主要的部分，失业人员只有在领取失业保险金期间才能享受到其他各项待遇。

2. 失业保险待遇中的医疗补助金，是失业人员患病就医时在失业保险经办机构领取的补助，其标准是由各省级人民政府确定的，一般包括每月随失业保险金一同发放的门诊费和按规定比例报销的医疗费两部分。

3. 失业人员在领取失业保险金期间死亡的，其家属可以领取一次性丧葬补助金和抚恤金，标准参照当地在职职工的规定。

4. 职业培训和职业介绍补贴是为了鼓励和帮助失业人员尽快实现再就业而从失业保险基金中支付的费用。职业介绍的补贴支付给职业介绍机构，由他们为失业人员免费介绍职业。但是职业培训补贴的支付办法则不同，有些是直接发给失业人员、有些则是失业人员在进行培训后报销，还有的是对培训失业人员的培训机构进行补贴。

【小贴士】

根据国务院《失业保险条例》规定，失业保险是所有城镇企业事业单位及其职工必须参加的，其目的是为了保障失业人员失业期间的基本生活，促进其再就业。城镇企事业单位应按照本单位工资总额的2%缴纳失业保险费，职工应按照本人工资的1%缴纳失业保险费。城镇企事业单位招用的农民合同制工人，其本人不需缴纳失业保险费。单位招用的农民合同制工人在连续工作满1年后，并且单位已缴纳失业保险费的，当劳动合同期满未续订或者提前解除劳动合同的，由社会保险经办机构根据其工作时间的长短，对其支付一次性生活补贴。

十七、什么是生育保险？生育保险的主要特点是什么？

生育保险是通过国家立法，在职妇女因生育子女而暂时中断劳动时，由国家和社会及时给予其生活保障和物质帮助的一项社会保险制度。生育保险是为了维护女职工的基本权益，减少和解决女职工在孕产期以及流产期间因生理特点造成的特殊困难，使她们在生育期间得到必要的经济收入和医疗照顾，帮助她们恢复健康，回到工作岗位。

生育保险的主要特点：

1. 享受生育保险的对象主要是女职工。随着社会进步和经济发展，有些地区已经允许在女职工生育后，给予配偶一定的假期来照顾妻子，并发给其假期工资；还有些地区为男职工的配偶提供经济补助。

2. 我国生育保险要求享受对象必须是合法婚姻者，即必须符合法定结婚年龄、按婚姻法规定办理了合法手续，并符合国家计划生育政策等。

3. 无论女职工将来的妊娠结果如何，均可以按照规定得到补偿。也就是说无论胎儿存活与否，产妇均享受相关待遇，包括流产、引产以及胎儿和产妇发生意外等情况。

4. 生育期间的医疗服务主要以保健、咨询、检查为主，这与医疗保险所提供的医疗服务以治疗为主有所不同。生育期间的医疗服务主要侧重于指导孕妇如何处理好工作与休养、保健与锻炼的关系，使她们能够顺利地度过生育期。分娩属于自然现象，正常情况下不需要特殊治疗。

5. 产假有固定要求。产假要根据生育期安排，分产前和产后。产前假期不能提前和推迟。产假必须在生育期间享受，不能积攒到其他时间享用。我国规定的正常产假期限为 90 天，其中包括产前假期 15 天，产后假期 75 天。

生育保险待遇中，生育期间的经济补偿高于养老、医疗等保险。生育保险提供的生育津贴，一般为生育女职工的原工资水平。另外，在我国职工个人不缴纳生育保险费，而是由用人单位按照其工资总额的一定比例缴纳。

生育保险提供的生活保障和物质帮助，通常由现金补助和实物供给两部分组成。（1）现金补助主要是指及时给予生育妇女的生育津贴。（2）实物供给主要是指提供必要的医疗保健、医疗服务以及孕妇、婴儿需要的生活用品等。

目前，有的地区也将农民工纳入了生育险的范围。在这些地区，用人单位应依法为农民工参加生育保险。如果女职工所在的单位按规定为劳动者参加了生育保险并缴纳生育保险费，那么女职工在符合国家有关规定条件下生育时，就能依法享受生育保险待遇。

十八、生育保险的作用是什么？

生育保险的目的在于通过提供生育津贴、医疗服务和产假，维持、恢复和增进生育妇女身体健康，并使婴儿能够得到精心地照顾和哺育，其主要作用有：

1. 实行生育保险是对妇女生育价值的认可。妇女生育是社会发展的需要，她们为人类繁衍、世代延续，为社会劳动力再生产付出了艰辛，理应得到社会的补偿。目前世界上有135个国家通过立法保护妇女生育的合法权益。

2. 实行生育保险是对女职工基本生活的保障。女职工因生育暂时离开工作岗位，不能正常工作。国家通过制定相关政策保障她们离开工作岗位期间享受有关待遇，在生活保障和健康保障两方面为孕妇的顺利分娩创造了有利条件。其中包括生育津贴、医疗服务和产假以及孕期不能坚持正常工作时给予的特殊保护政策。

3. 实行生育保险是提高人口素质的需要。女职工由于生育体力消耗大，需要得到充分地休息和补充营养。生育保险能为她们提供基本的工资，使她们的生活水平不会由于离开工作岗位而降低，同时为她们提供相关的医疗服务项目，包括产期检查，围产期保健指导，为胎儿的正常生长进行监测，对在妊娠期间患病或接触有毒有害物质的，做必要的检查等。如发现畸形儿，可以及早中止妊娠；对在孕期出现异常现象的妇女，进行重点保护和治疗等等，以达到保护胎儿正常生长，保证了下一代人口质量的作用。

十九、生育保险待遇主要有哪些？

生育保险的待遇主要有：

1. 产假，是指按照国家法律法规规定，给予女职工在生育过程中休息的期限，即：女职工在分娩前和分娩后的一定时间内所享有的假期。其主要作用是使女职工在生育时期得到适当地休息，以逐步恢复体力，并使婴儿得以受到母亲的精心照顾和哺育。

在20世纪80年代以前，我国把怀孕、生育和产后照料婴儿的假期规定为56天。1988年公布《女职工劳动保护规定》后，对原规定作了很多的修改。现在法律规定正常产假为90天，其中产前假期15天，产后假期75天。难产的，则增加产假15天。若为多胞胎生育，每多生育一个婴儿则增加产假15天。流产产假则以4个月划界，其中不满4个月流产的，根据医务部门的证明，给予15—30天的产假；满4个月以上流产的，产假为42天。一些地区还采取了对晚婚、晚育的职工给予奖励政策，假期延长到180天。

2. 生育津贴，是指按照国家法律法规规定，对女职工因为生育而离开工作岗位期间而给予的生活费用。

我国生育津贴的支付方式和支付标准分两种情况：

（1）在实行生育保险社会统筹的地区，支付标准按本企业上年度职工月平均工资的标准支付，期限不少于90天；

（2）在没有开展生育保险社会统筹的地区，生育津贴由本企业或用人单位支付，标准为女职工生育之前的基本工资和物价补贴，一般期限为90天。

一些地区对晚婚、晚育的女职工，实行适当延长生育津贴支付期限的鼓励政策。还有的地区对参加生育保险的企业中男职工的配偶，给予一次性津贴补助。

3. 医疗服务，医疗服务是生育保险待遇之一。医疗服务是由医院、开业医生或者合格的助产士向女职工和男职工之妻提供的妊娠、分娩和产后的医疗照顾以及必须的住院治疗。各国的生育保险提供给怀孕妇女的医疗服务的项目不同，一般是根据本国的经济实力和社会保险基金的承受能力，制定相应的服务范围。我国生育保险医疗服务项目主要包括产前检查、接生、手术、住院、药品、计划生育手术费用等。

第五部分　城市生活指南

一、外出务工者进城后如何调整好自己的心态？

务工人员离开家乡，来到在城镇务工生活，很多事情都会与想象中的相差很多，也免不了会遇到各种苦恼和不如意的地方，很容易导致心理上的不平衡，产生失落感。出门时豪情万丈，期待自己出来后能有一番作为，但是到了城镇却发现处处不尽如人意，甚至连找一个合适的工作都变得很难。那么面对理想与现实的巨大落差，务工人员应该如何调整好自己的心态呢？

首先要告诫自己，进城后面临的各种困难和处境，都是考验和磨炼自己的好机会。在城镇务工的过程中，自己要学会适应各种变化，无论是初到异乡的艰苦和奔波，还是工作中遇到的各种挫折和痛苦，感情上遇到的危机和折磨，都要勇敢地去面对，决不能自暴自弃、怨天尤人；面对一些无法解决的心理困惑时，可以向朋友、家人倾诉，以减轻心理上的压力；在解决问题的过程中，如果能够不断地认识自己，调整自己的心态，把自己培养成为一个自信成熟的人，在社会中找到适合自己的位置，那么你就会成为被社会接纳的人。

二、怎样才能与城里人相处好？

俗话说，“入乡随俗”，意思是到了一个地方，就要适应当地的风俗习惯和遵守当地的社会规范。常听说，“城里人冷漠，没有人情味”等等的话。其实一些城里人对外来务工者不友好的态度，可能仅仅是务工人员的主观感受而已，也可能是由于务工人员的行为不符合城镇的社会规范等等而致。因此，了解熟悉城镇的社会规范和生活习惯，并且遵守这些规范，是让城里人接纳并与外来务工人员融洽相处的重要基础。

每当到了一个陌生的地方，要想与当地人融洽相处，关键还得自己摆正自己的心态。很多农民朋友进城之后一直有一种强烈的自卑感，或者不平衡心理。如果自己看不起自己，那么别人善意的批评就会被看成是恶意的欺负；别人的关心都会被看成是对自己的可怜。因此，为了改变这些看法，我们必须树立自信心，肯定自己的能力。每个人都有自己的优势和劣势，从农村来到城镇，能够找到一份工作，凭借自己的智慧和双手生活，没有什么可自卑的。每个人都有属于自己的生活道路。我们在城镇里工作，是这个城镇的建议者之一，因此，城里人也不会瞧不起我们。只有当我们有了自信心后，就拥有了平和的心态，即使别人有一些偏见，我们也不会那么在乎。

还有，不要拒绝与城里人沟通，并应练习讲好普遍话，也不要因为害羞或者不好意思不讲普通话。普通话是最方便交流和沟通的语言，无论你来自哪里，大家都可以听得懂。一直坚持说家乡话，这样不但不利于交朋友，也不利于和别人沟通学习。

在工作和生活中要坦诚地对待领导、同事、房东和其他人。当别人遇到困难的时候，要热情帮助。同时要学习一些礼节并养成良好的卫生习惯，努力追求上进。

总之，与城里人相处交往，不要拒绝沟通和学习，注意发挥自己的优势，逐步改正自己的劣势，增强自信心，坚信通过自己的努力可以使自己与城里人友好相处。

三、进城务工人员的最终归宿在哪里?

作为一个在外地务工的人，我们要找到属于自己的归宿。所谓归宿，指的就是安家立业，有稳定的工作和生活来源，有属于自己的住处。那么你的归宿是在城镇，还是回农村呢？

目前，根据国家发展的现状来看，进城务工的农民想要在城镇安家落户还会面临着许多的阻力，比如稳定的工作、户口、住房、子女的入学教育等等，要克服这些障碍还需要国家的进一步发展。但我们应该看到希望，随着社会改革的深化和城乡一体化建设速度的加快，对农民进城务工的各种限制条件正在逐渐取消，也有许多政策鼓励农民朋友进城务工。据调查，有不少进城务工的农民在城市工作十几年后，已经在城市成家立业，成为真正的城里人了。

城市接纳劳动力的程度不是无限的，当进城务工的人数远远超过城市的劳动力容量，劳动力出现供大于求的时候，一些企业就会出现失业，一部分人员就可能要转移到中小城镇，一部分人员则又要回到自己的家乡。

目前，社会鼓励农村的富余劳动力到城镇中工作发展，特别是在中小城镇安家立业，因为只有大量的农村人口稳定地转移到城镇中，中国的现代化进城才有望快速实现。另外，社会也鼓励外出务工人员在城镇学到知识和技能后，回到农村创业发展，因为农村的发展也需要高素质的领路人。

四、怎样才能成为一个真正的城里人？

1. 要在城里有份属于自己的稳定的工作，这是农民成为城里人的前提条件。只有在城里有长期稳定的工作，才能有稳定的收入和生活来源，才能在城市里长期待下去。

2. 生活方式的改变。这种变化是随着生活环境的变化而潜移默化地发生的。比如，每天要按时上班下班；以前的十天半月去赶集买货变成现在的随时可以去逛商场；逢年过节的大吃大喝改变为周末的日常饮食改善；业余生活的打扑克搓麻将变为去逛逛公园、文化馆或者电影院等。

3. 思想观念的改变。要想成为一个真正的城里人，就要在思想观念上实现转变，在人生的发展、信仰、婚姻观念、公德意识、市场意识等等方面都要有新的变化，相信科学，依靠法律维护自己的权益等等。这样才能成为一个真正的城里人。

4. 户口的改变。户口仅仅是成为城里人的一种标志，但是在我国目前的户籍制度下，这种标志还是非常必要的。从目前的实际情况来看，取得城市户口有以下这几种途径：（1）通过个人努力学习，取得大学、硕士或者更高的学历，然后找份在城市里的工作，就可以拿到这个城市的户口了。（2）通过婚姻关系。嫁给城里人或者是娶个城里的老婆，也可以享受进城落户的优惠，但要切记个人的婚姻还要以幸福为前提。（3）在城市投资或者购房。这个方法需要具备一定的资金实力和个人能力。

目前，从户籍制度发展的趋势来看，一些城市正在逐步放开户籍限制，农民想要成为城里人将会变得越来越容易。

五、城市有哪些日常行为规范和生活习惯？

在城市中生活，有一些不同于农村的日常行为规范和生活习惯，归纳起来主要有以下几个方面：

1. 穿戴得体，举止得当，在城镇里，举止和穿戴不能过于随便，比如，夏天最好不要在大街上光背逛街；

2. 走路开车要遵守交通规则，尤其是过马路要走人行横道，不要随便乱穿马路，或者跨越马路上的护栏；

3. 注意使用文明礼貌用语，如“你好”、“对不起”、“谢谢”、“请问”等等。

4. 买东西或者结账时都要排队，不要拥挤和加塞；

5. 乘坐公共汽车时，要先下后上，不能一窝蜂似地一拥而上；

6. 要有时间观念，就是说要有准确的时间概念，城镇三维生活节奏快，干什么事都要严格遵守时间，不守时的人是不受欢迎的；

7. 不随地吐痰，不在公共场所吸烟，不随地乱扔垃圾，要保持环境清洁；

8. 自觉爱护公共财物，不破坏花草、树木、电话亭、垃圾箱、地下管道等一切公共设施；

9. 养成良好的卫生习惯，这既有利于个人身体健康，也能保持个人良好形象，促进你与他人的交往。

六、如何遵守交通规则？

城市中的人多车多，农民工朋友应自觉了解城市的道路交通法规，自觉遵守交通规则，维护交通安全，熟悉交通信号、交通标志和交通标线。

需要掌握的基本常识有：有交通信号灯控制的人行横道，必须看灯行走。交通信号灯绿灯亮时，准许行人通过人行横道；绿灯闪烁时，不准行人进入人行横道，但已进入人行横道的，可以继续通行；红灯亮时，不准行人进入人行横道。行人须在人行道内行走，走人行横道，千万不要跨越护栏。没有人行横道的，须注意车辆，直行通过，不准在车辆临近时突然横穿。有人行过街天桥或地下通道的，必须走人行过街天桥或地下通道。禁止翻越道路隔离栏，以免发生交通事故。骑自行车时，不要双手离把；不要在人行横道上骑车；乘车时，要在站台或指定的站点排队候车，先下后上。乘坐货运机动车时，不准站立，不准坐在车厢的拦板上。

七、如何乘坐城市中的交通工具？

出门需要乘坐公交车的，首先要了解需要坐几路车。在站台上看清站牌，站牌上都有站名，而且注意不要弄错方向。如果弄不清楚自己去的地方可以多问，一般问站台的工作人员，记住尽量用普通话问。弄清楚方向后，上车要注意主动买票，一般大的行李都要买行李票，不要和售票人员争论，要积极配合。另外，很多城市公交都是无人售票，因此上车前要准备好零钱，否则有可能司机不让你上车。有的公交车上会有小偷，所以早点把零钱准备好，以防暴露自己的钱包。

地铁是在地下运行的火车，一般上下地铁都会有较长的通道。要首先到窗口买票，问清自己要到达的地方，然后把票交给检票员，或者插入票闸，一般一次过一个，不要紧张，看别人怎么过，你学着做就可以。进入地铁站，不要站在黄线以内，这样列车进站时会很危险。地铁到站后要从容上车。

需要乘坐出租车时，要选择正规的出租车。一般城市的出租车都必须打里程表，不会和乘客讨价还价。车上一般都有监督电话，上车要记住监督电话，并一定要记住车牌号码，下车要向司机索要发票。如果发现司机故意绕远路了，就一定要司机在发票上写清起点和终点，然后打监督电话投诉。自己的行李要主动放到出租车后备箱里，尽量不要弄脏了车内的干净座位。

八、如何乘坐地铁？

许多大城市都建有地铁，乘坐地铁时首先要在地铁站口或售票处查看地铁线路图。地铁站口、站厅、站台都设置了导向标志，农民工朋友进入地铁站就可以看见这些导向标志，它可以引导你顺利地到达目的地。

在搞清自己所在的位置和准备到达的地点后再买票。有的地铁站设有自动售票机，乘客按规定数额投入硬币后，便可买到车票。进站检票时，进站口一般设有自动检票机。乘客需要将车票投进检票口或者刷一下车票，只要是有效车票，通道口的机械臂会自动开启，让旅客通过。到达目的地后，要把车票投入出站口的检票机，如是有效车票，机械臂会自动打开，让旅客走出。如果发生意外，要寻求工作人员帮忙处理，不得私自跨越栏杆。否则会按违规处以罚款。

根据相关规定，乘客在乘坐地铁时不允许携带猫、狗等宠物。乘坐地铁要尽量靠近车厢的中部，不要倚靠在两边的车门上，以免发生意外；如果发现车内有烧焦的味道或毒烟雾等异常情况，应立即按响车内的紧急按钮，有条件的应用湿毛巾等捂住口、鼻；要听从工作人员的指挥，不要拥挤混乱。当携带的物品不慎掉入地铁轨道中时，应该先和该站的站务员联系，由站务员带您找值班站长，由值班站长帮乘客具体解决。地铁客服中心一般设在付费区和非付费区交界处，主要办理乘客购票、补票、问询等业务。

【小贴士】

轻轨是城市轨道交通的一种，它和地铁、公路等公共交通一起组成了城市中的交通网络。它具有速度快、安全性高、整点运行等优点。因为轻轨是有轨交通，在专用铁道上行驶，这样就可以避免交通事故的发生，所以行车的安全性比无轨电车或公共汽车要大得多，几乎可以消除行车伤亡事故的发生；另外轻轨由于采用电子控制及专用轨道，因此不仅安全，而且准点准时。

乘坐轻轨的程序和注意事项与地铁基本相似，即进入轻轨站后根据自己要到达的地点通过自动售票机或人工售票处购买车票，购票后根据车站里面的文字或者图标提示到指定的位置候车，并且做到文明安全乘车。

九、外出打工者如何解决住宿问题?

对于外出打工人员来说，住宿是一大问题。是自己租房，还是用人单位负责安排？为了切实维护农民工的合法权益，建设部、发改委、财政部、劳动和社会保障部及国土资源部不久前联合发布了《关于改善农民工居住条件的指导意见》（以下简称《意见》），要求各地切实改善农民工居住条件。

1. 用工单位负责解决农民工住宿。

【案例】小郑是海尔冰箱专卖店的售后服务人员，招工时老板承诺包吃包住，可一晃一年过去了还没安排住宿，挣的工资一大半都花在了租房上，让他实在没法承受。于是小郑找到了专卖店老板，要求安排住宿，老板却说：“住宿是员工自己的事”。

【解读】以前，国家对用人单位解决农民工的住房问题一直都没有明确的要求，用人单位对解决农民工住房问题的责任意识也不强。为此，出台的《意见》明确指出，用人单位是改善农民工居住条件的责任主体。用人单位应当为招用的农民工提供符合安全标准和基本卫生条件的居住场所；如果用人单位不提供居住场所、需要由农民工自行安排的，单位应当给予一定的住房补助，并在劳动合同中明确说明。

2. 建设农民工集体宿舍。

【案例】王某是私企的销售人员，之前和工友们住在作坊老板的老宅中，可是后来老宅拆迁，只好搬离了。这时王某和工友们要求老板安排住宿，虽然老板也很想给他们安排住宿，但苦于没有合适的房源。

【解读】针对农民工住宿房源极其紧缺的现状，《意见》提出必须采取多种渠道增加农民工住房的有效供应。在招用农民工较多的企业，应通过租赁、购置等方式筹集农民工住房房源。在符合国家相关规划的前提下，可在企业用地的范围内建设农民工集体宿舍。

在农民工集中的开发区和工业园区，应该按照集约用地的原则，集中建设农民工集体宿舍，由用工单位承租后给农民工住，或直接租给农民工，并强调不得按商品住房出售或出租。

有条件的地方，可以采取经济适用住房建设的相关优惠政策，建设符合农民工特点的住房，以农民工能够承受的合理租金向农民工出租。

3. 走出简易工棚告别大通铺。

【案例】李某是一建筑工地的瓦工，十四五平方米的宿舍，住了14人。没有任何家具，房子中间还拉起了一根长绳，挂满了衣裤和毛巾。夏天没有电扇，房间比闷罐还闷。李某和工友们要求公司改善住宿，可得到的回复是：有地方住宿就不错了。

【解读】目前，许多农民工居住在简易的工棚中，大通铺现象比较普遍，环境卫生较差，并且存在较多的安全隐患。为此，《意见》明确指出向农民工提供的居住场所应符合住宅安全、消防标准和基本卫生要求。尤其是工程施工类企业提供的宿舍，应符合建筑施工现场环境与卫生标准有关规定。并且，在集中建设的农民工集体宿舍和专供农民工租用的住房，要充分考虑农民工的居住需要和生活成本，适当配备必要的文化体育活动等相关设施设备。

【小贴士】

农民工住房纳入城市住房规划。

近年来，部分地方政府对广大农民工的住房等权益重视不够，没有把解决农民工的住房问题列入议事日程。为此，《关于改善农民工居住条件的指导意见》中明确提出，各地要将长期在城市就业与生活的农民工居住问题，纳入城市住房建设规划；对集中建设的向农民工出租的集体宿舍项目，要在选址、供地及相关配套设施建设等方面政府要予以大力支持；政府要加强监管，对享受政府优惠政策建设的农民工集体宿舍和住房，擅自按商品房出售、出租或改作其他用途的，房地产管理等部门不得为其办理相关手续，要依照法律法规进行查处，并追究相关责任人员的责任。对农民工聚居的区域，要加大公共交通等市政公用事业建设力度，方便农民工生产生活，强化治安管理，营造良好居住环境。

十、如何租房子？

一般来说，寻找房源有以下几种途径：

1. 通过熟人打听，如同事、朋友、老乡、亲戚，这样比较可靠，也省时省力。

2. 通过租房广告来寻找，有些房主会张贴广告来出租自己的房子。

3. 上网寻找，比如赶集网、58 同城网和其他一些专门的租房网等，这些网站上面会有好多出租房屋的信息，农民工朋友们可以选择条件适合自己的房源。

4. 到城镇住房小区的居委会寻找，居委会的工作人员对自己管理的小区内有没有房子出租一般比较了解，有些房主也会委托居委会寻找租房的人。

在找到房子之后，还要判断一下这个房子是否适合自己：

5. 明确出租人是否是这房子的真正主人，可以要求其出示房屋产权证。每一套房屋都有一个房屋产权证，也即证明这房子的主人是谁。

6. 看房屋是否是违章搭建的，如占用公共路面的房屋等，如果租住了这些房屋，遇到检查，可能就会马上被拆除，到时候不得不又得重新寻找住处。

7. 看房屋是否安全，包括房屋的结构是否安全、是否有通风窗子等，保证居住的安全。

当看好房子后，就要和房主谈价钱了。这时，不要依赖于单纯的口头约定，而要签订书面的房屋租赁合同。这样，以后发生什么纠纷，就可以凭借合同寻求有关部门的保护和调解。

8. 考虑房子周边的交通，就是说离你上班地方的远近。还有就是房屋周围的环境，邻里关系等。

【小贴士】

租房子的手续。

首先要和出租的人签订各种书面租赁合同，有的时候一些朋友由于怕麻烦，或者刚刚来到城市，不清楚具体的租房手续，认为只要交了钱就行了。如果不签订租赁合同，那么如果发生什么纠纷，可能自己就会很麻烦，得不到法律的保护。同时在签订合同的时候，一定要看好上面的条款，这些条款必须清楚仔细，其中应包括房屋的修缮，是由谁来承担，房租缴纳的方式和期限，如果违约会有哪些具体的责任等等。双方的责任和义务都要写明。

同时在合同签订后的一个月内，要到当地政府的房地产管理部门去登记备案，这样才能保护双方的合法权益。登记的时候准备的证件包括：租赁合同，房屋的产权证书，出租人的房屋租赁许可证，双方的身份证等，然后才可以取得由当地房地产管理部门颁发的房屋租赁证，这样你住在这里就是合法的。如果今后一旦发生纠纷，都会有法律来帮助你，维护你的权益。

十一、如何申请廉租房？

廉租房是指政府以租金补贴或实物配租的方式，向符合城镇居民最低生活保障标准且住房困难的家庭提供社会保障性质的住房。廉租房的分配形式以租金补贴为主，实物配租和租金减免为辅。目前，我国的廉租房只租不售，出租给城镇居民中的最低收入者。

以廉租房政策推广较好的上海为例，2003 年 12 月，廉租住房的认定标准为人均居住面积在 7 平方米以下，同时把人均居住面积低于7平方米、人均月收入低于570元的老劳模和重点优抚对象也纳入了廉租住房的解决范围。

同时具备下列条件的家庭就可以申请廉租住房：

（1）申请人必须年满40周岁；

（2）申请家庭的现住房面积低于7平方米；

（3）申请家庭成员中至少有1人为非农业常住户口；

（4）申请人至少连续吃低保6个月以上；

（5）符合当地廉租住房政策规定的其他标准。

农民工朋友申请廉租房必须同时具备三个条件：在用人单位连续工作满5年及以上；持有现住地的暂住证5年（含5年）以上；此外，在此期间无违反国家法律法规和政策记录。满足以上3个条件，即可申请。

需提交以下材料：务工人员在用工单位连续工作满5年及其以上的相关材料，即劳动合同文本或其他能证明与用工单位存在不间断劳动关系的材料；当地暂住证5年（含5年）以上证明文件；身份证明；委托他人办理的，需提交授权委托书和本人身份证明。

申请者上交上述申请材料后，由乡（镇）政府、街道办事处进行核查，之后报送县（市）区住房保障部门。经审核后符合条件的，予以公示。确认符合条件的申请人，将按住房困难程度和登记先后顺序排队轮候分配。

农民工廉租房的租期为两年，原则上不得续租；应当在租约期满之日起15天内将承租的廉租住房退回。确实有困难的，承租人可向县（市）区住房保障部门提出续租申请。

如果出现擅自转租他人、改变租赁用途或房屋结构、拖欠租金超过3个月、连续3个月以上未居住，或者虚报瞒报住房状况等情况的，则取消租住资格。

廉租房的租金标准将按《城镇廉租住房租金管理办法》的规定，由县（市）区价格主管部门会同住房保障部门结合当地实际制定，报经同级人民政府同意后，并报送市发改委和市住房保障局备案。

十二、怎样使用公用电话?

城市中的公用电话非常多，有私人的计时收费电话，有街道两旁设置的公用电话亭，还有磁卡电话和投币电话等。

如果是市内电话，那么直接拨市内号码即可。如果要打外地的电话，那么就需要在号码前面加拨长途区号，各地区的长途区号不一样。

使用磁卡电话前需要先购买磁卡，一般称为“IC卡”，邮局和报摊都有出售。

使用投币的公用电话前，需要先准备硬币，一般需要5角和1元的硬币。

十三、怎样查询电话号码?

查询电话号码的方法一般有两种:

(1) 通过电话查询。如果查找当地的电话号码，可以直接拨打114；如果查找外地的电话号码，则需要在114前面加上长途区号。

(2) 通过电话簿查询。一般在邮局、车站等场所都备有电话簿，可以通过电话簿查找电话号码，但一般的电话簿查找范围有限。

十四、常用的紧急求救电话有哪些?

为了方便群众应对一些紧急情况，全国统一设有一些特殊的免费电话。

(1) 110——匪警电话。当遇到紧急情况时，如抢劫、被盗、滋事打架等，可以拨打110，讲明白自己遇到了什么事情，准确报明事情的地点。

(2) 119——火警电话。遇到着火的情况，首先要拨打119，讲明火灾发生地点在哪里，情况如何，要如实说明情况，请消防队提供帮助。

火警电话和报警电话都不能乱拨，否则要承担法律责任。

(3) 120——急救电话。遇到突发病，需要紧急送到医院的，可以拨打120，讲清楚病人发病的症状，如果知道病人得的是什么病，也可以跟医院讲明。这时医院的急救车会以最快的速度前来提供帮助。

（4）999——红十字会的急救电话，使用方法和120一样。

（5）122——交通报警电话，当遇到交通事故时，可以拨打122，说清楚出事的地点，交警会及时赶到出事地点处理问题。

十五、进城务工人员如何安排业余生活？

有些人在务工之余，就聚在一起闲聊闲逛，甚至聚众赌博。这样的业余生活，对我们自身一点好处都没有，没有什么意义。那么，进城务工人员应该如何安排自己的业余生活？

1. 继续学习。如果务工人员想在城镇里站稳脚跟，闯出属于自己的一片天空，那么就需要通过不断的学习，提高自己的知识水平，掌握更多的技能，提高自身的综合竞争能力。

2. 交朋友。俗话说得好："在家靠父母，出门靠朋友"。农民工朋友们在外打工，还要注意结交朋友，同事、周围的邻居、房东等，可以跟他们多交流交流工作的经验和体会，生活中的一些问题等等，互相学习，共同进步。那些帮助过自己的人，自己也要主动去帮助他们，做一些自己力所能及的事。

以下几种业余生活应当是坚决避免的：

1. 拉帮结派。在城镇务工，老乡朋友来往较多，但是如果拉帮结派，这样就很容易引发打架闹事，危害社会治安。所以不要拉帮结派，要和每个人和睦相处。

2. 黄赌毒。黄色书刊、黄色录像、黄色娱乐场所等是我们国家法律明令禁止的，一旦违反，就要负相应的法律责任。赌博的人十有八九都输，而且输得一干二净，甚至家破人亡，千万不要靠近赌读博。要远离毒品，任何形式的吸毒和买卖毒品都是犯罪行为。毒品会毁掉人的一生，在任何情况下都要远离毒品。

3. 不与外界沟通交流。有的务工者只与自己小圈子里的几个人交往，不愿意结交更多的朋友，这样会阻碍你扩大视野，增长见识，会限制你的思路。这样很不利于务工人员自身的发展，影响你的前途，也会减少生活的乐趣。所以应该敞开心扉，接触来自天南海北的朋友。

4. 睡懒觉。有的工作很累，所以一些务工人员在业余时间就拼命地睡觉，什么事情都懒得想，这也是不对的。业余时间休息是应该的，但睡懒觉很容易消磨人的意志和进取心，还对身体有害，因此也应该少睡懒觉。

十六、去银行存取钱时应注意什么?

务工人员应将自己挣到的钱除去必要的消费支出和寄回家的钱之外，把剩余的钱存到银行里，这样既比较安全，又可以获取一定的利息。

我国的银行主要有中国工商银行、中国建设银行、中国农业银行、中国交通银行，农村信用合作社等，这些银行和信用合作社在全国各地都有分行或者储蓄所。各银行和信用合作社的利率是一致的，务工人员可以选择任意一个银行或信用合作社去存钱。另外，邮政局也开设有邮政储蓄业务，利率也与上述银行和信用合作社一致。

存钱时可供选择的储蓄方式有：(1) 活期储蓄，是指可以在任何时候都存钱和取钱，十分方便，但一般利率较低；(2) 定期存款，是指一次性存入一定数目的存款，经过一段时间后再一次性取出，一般是 3 个月、6 个月、1 年、2 年、3 年或 5 年，时间越长，利率也会相对高一些。

第一次存款时要带上自己的身份证，新开银行账户的名字要和身份证上一致，否则存折丢失就没有办法挂失。给自己的存折设定一个密码，密码不能设置得过于简单，如 000000 等。第二次存钱就需要带上钱和存折就可以。

一定要妥善保管好自己的存折和储蓄卡，记住账号和密码。

十七、如何使用自动柜员机?

自动柜员机即 ATM，是一种具有计算机控制的持卡人自我服务型的金融专用设备。ATM 可以向持卡人提供取款、存款、转账、查询余额、更改密码等功能。ATM 不仅能接受本地的银行卡，还可以通过网络功能接受异地卡、他行卡，同时能为持卡人提供每日 24 小时服务。

1. 使用 ATM 的应注意事项。

取款金额应是 50 元、100 元的整倍数（有些机器支持 10 元的倍数）；

取款后应仔细清点现金，并与打印的客户通知单进行核对。如果出现金额不符，需要立即与 ATM 的所属银行联系。

若现金被吐出后未及时取走（一般等待时间约 30 秒），则机器又会重新将现金自动吞入；

ATM 机允许最多连续二次输错密码，如果因为输错而未按取消键的，那么在第三次输错时你的银行卡将有可能被 ATM 机吞掉；

当 ATM 机屏幕上提醒取卡后，如果没有及时取卡（一般等待时间约 30 秒），机器将认为机前无人而自动将卡吞掉；

2. 造成机器吞卡的原因。

密码连续输错：若连续三次输入错误的密码，则卡将有可能被吞掉；

超时未取卡：持卡人在 ATM 上操作完毕后忘记取卡，ATM 会将卡自动吞入；

止付卡：信用卡已经超过有效期或者已被列入止付的名单，那么在 ATM 上使用时将有可能会被吞掉；

其他的发卡银行认为有必要收卡的原因。

3. 在 ATM 取现金的限额规定。

根据有关规定，全天累计最高取现限额为 20000 元，单笔最高取现限额为 1500～2500 元（根据各 ATM 所属银行的规定而不同），每张卡每天 ATM 的取现次数为 10 次。

4. 在 ATM 转账的规定。

跨行转账业务只能在转出行、转入行、受理行三方都开通 ATM 跨行转账业务的，并且本人已申请开通跨行转账业务的前提下办理。

5. 如何处理ATM吞卡或者取款时没有吐钞的情况。

当ATM发生吞卡的情况后，请保管好吞卡凭条，在卡片被吞的次日起3个工作日内，持本人有效身份证件到ATM所属网点领回个人的被吞卡片。

当ATM发生取款但没有吐钞的情况后，应及时与ATM所属网点联系或拨打发卡机构、受理机构和银联客服电话。

6. ATM出假钞的情况。

根据银行正规的操作流程来说，ATM上是不会出现假币的。因为银行往ATM上加入的钱，大多数是银行每天从地区银行总行金库领用的，拆包直接放入。既然这个钱能入得了银行总行的金库，就肯定不会是假币。现代的验钞手段，哪怕是一张钱中间只有极少一部分是假的，比如拼凑上的，都能检验出来。

但是会有些另外的原因，导致ATM取出假钞。当出现这种情况的时候，首先取款人不要离开ATM机，也不要把钱放入钱包或口袋，应该叫他人帮忙把银行的工作人员叫过来。ATM都有摄像头监视，当你和银行交涉的时候，可以要求查看监控录像，确认钱就是从ATM出来的，自己没动手脚。如果遇到晚上或者周末银行不上班的情况，以及不是在银行里的ATM机器遇到的这种情况，你可以找到ATM机器上的摄像头位置，大多在屏幕上方一点。摄像头是有针孔的，有有色玻璃框住的。然后将手中的钞票编码部分，靠近对准摄像头停留一阵子，确保录像能将钞票的编码录下。作为证据留下。

7. 注意事项。

目前，社会上频繁出现一些复制银行卡从而盗取钱款的案件。这些犯罪分子通常都是利用原卡进行的复制，一般他们大都采用在ATM上安装读卡器，我们在不知情的情况下在这些读卡器上刷卡，从而自己银行卡的磁道信息被记录下来，然后不法分子就利用盗取到的信息复制出银行卡。

因此，值得持卡人注意的是：在ATM上使用银行卡时，首先要看看ATM的屏幕，是否显示的是正常服务画面再插卡。还要留心注意一下，观察插卡口内是否有异常，因为犯罪分子很可能会安装一个假的入卡口在 ATM 真正的入卡口前，来盗取卡片信息。

使用银行卡在输入密码的时候，应先环顾一下周围，注意身后是否有陌生人，最好是一手遮住键盘输入区域，一手输密码。密码虽然不能复制，但是仅仅 6 个数字，很容易被偷窥记住。密码和卡片信息只要保护住一个，就能保证你的银行卡的安全。

另外，各银行 ATM 屏幕上一般都有一些提示信息，诸如发生异常情况应该打银行那个服务电话。

十八、务工人员应该如何理财？

很多农民工对于理财没有清晰的认识，缺乏钱生钱的意识。大部分人只会拼命挣钱，却不知如何珍惜和合理利用自己的劳动所得。农民工学会理财，可以使自己奠定坚实的财务基础，有助于实现家庭的稳定和可持续发展，是建设社会主义新农村的重要内容。

农民工理财计划的核心应该是一个合理的保险组合。其中，收入保障应排在第一位；接下来是健康保障，因为健康问题同样会影响到收入甚至导致中断收入；第三个就是孩子的教育金保障，适量的教育金储备可以保证孩子在任何情况下都能接受到必要的教育；第四是自身的养老储备，之所以把这项排在所有保障的最后，是因为随着社会经济的发展，社会保障和养老体系覆盖的范围会越来越大，农民工家庭很有可能会享受上与城市人口同样的社会保障。

当以上保障需求均得到满足之后，如果还有富余资金，那么就可以选择适合自己的理财计划。但是大多数农民工还是比较缺乏金融知识的，如果贸然进入股票等高风险市场，很可能会失去辛苦积攒的积蓄。所以可以考虑依靠专家理财的方式参与证券市场，获得高于平均收益的稳定回报。

农民工理财要有计划，估算收入，制订计划，合理理财。据国内某著名网站的调查显示，近 80% 的农民工有存钱计划，其中大多数人的存钱目标在5万元以上。农民工的存钱目的是为了投资做生意，其次是子女教育投资。对于农民工来说，如果有10万元钱的话，选择投资做生意的农民工高达65%，均远高于给家里盖房子、购物、结婚等消费性选择。但是，因为储蓄有保障，因此储蓄仍是大部分农民工的选择。

十九、申办和使用储蓄卡应注意什么？

在银行办理存折的同时，你可以同时申办一张储蓄卡，这样，你的存折和储蓄卡就是同一个账户，从卡上取了钱，存折中钱的数目会减少；通过存折存入了钱，那么卡上的钱也会变多。如果存折或者储蓄卡丢失，一定要带上身份证及时到银行去办理挂失，或者拨打银行的服务电话进行挂失。

储蓄卡的功能和存折相似，不同的是取钱更方便，你可以拿着卡到银行存钱取钱，也可以在自动取款机上取钱，不局限于银行上下班工作时间的限制。如果晚上需要钱，银行又关门了，那么这时你就可以拿着储蓄卡到自动取款机上取钱。

二十、什么是信用卡？如何办理信用卡？

信用卡是商业银行向个人和单位发行的，凭以向特约单位购物、消费和向银行存取现金，具有消费信用的特制载体卡片。通俗地讲，信用卡就是银行提供给用户的一种先消费后还款的小额信贷支付工具。即当消费者的购物需求超出了自己的支付能力或者消费者不希望使用现金时，可以向银行借钱，这种借钱不需要支付任何的利息和手续费。另外持卡人还可以在信用卡中没有钱的情况下，直接从ATM机器中取出现金。

信用卡相对于普通银行的储蓄卡来说，最方便的使用方式就是可以在卡里没有现金的情况下进行普通消费，在很多情况下只要按期归还消费的金额就可以了。

信用卡的申请步骤：

1. 申请信用卡前，首先要根据自己的情况、收费标准、申办周期、发卡银行在境内外提供服务的情况等来选择发卡银行。现在各发卡银行都推出了各式各样的银行卡产品来满足不同的消费群体，申请人可向发卡银行咨询哪种产品更符合自己的申领条件。

2. 当申请人决定向某个银行提出信用卡申请后，就需要填写信用卡申请表。信用卡的申请表上详细说明了包括费用以及还款的规定，申请人清楚了解自己将要负担的财务责任、权利与义务、申请表中的各项条款等，并如实填写。

一般情况下，申请的信用卡级别越高，需要的证明材料就越多，审核也越严格。发卡银行会根据申请人的情况和信用记录确定给予透支信用额度。

3. 在填完信用卡申请表，并附上身份证复印件及发卡银行所要求提供的相关资料后，将这些资料交给发卡银行进行审核，审核通过后，申请人就可以拿到一张属于自己的信用卡了。

二十一、去邮局寄取钱物要注意什么?

在城镇中生活，免不了要经常和邮局打交道，如往家里寄钱、寄包裹、寄信、取包裹等。

当给自己的亲友寄钱时，需要填写一张汇款单，填写时要特别注意收款人的姓名一定要和身份证上的一致，否则便不能取款。寄钱手续办理完之后，营业员会给你一张汇款收据，要妥善保存。如果2个月后，收款人还没有收到汇款，就可以凭这张收据到邮局进行查询。

前往邮局收取汇款时，需要带上自己的身份证和汇款单，到汇款单上指定的邮局取钱。如果收到汇款单后2个月内没有去邮局取钱，那么邮局会把汇款给退回。

当邮寄包裹时，首先要填写包裹单，填写时要注意寄包裹人和收包裹人的姓名必须和身份证上一致。收取包裹时，需要带上身份证和包裹单，到包裹单指定的邮局领取。

当寄重要的信件时，可以到邮局办理挂号手续。一般的信件贴上邮票，直接放到信箱里就可以了。

二十二、在城市迷路了怎么办?

大城市的街道错从复杂，我们也不太熟悉，难免走错路，迷失方向。在这个时候，农民工朋友可以寻找以下途径求助：

向过路或者路边的人打听。问路时要注意使用礼貌用语，如“您好”、“请问”、“谢谢”、“打扰您一下”等等，这样会让对方很乐意帮助你。问路要尽量使用普通话，让对方听明白你要去哪儿。

询问民警。如果迷了路可以找民警帮忙，他们会给你提供详细周到的服务，请民警帮忙时也要注意礼貌用语和使用普通话。

打电话。你可用公用电话给你要去的地方的人员打电话联系，让他们告诉你该怎么走。

二十三、城市生活中常见的骗局有哪些?

初次到城镇的务工人员很容易被骗子盯上，他们很容易就看出你初来乍到，容易上当。城镇生活中可能会遇到各种各样骗人的把戏，外出打工人员需要注意下面几种情况：

1. 中奖骗局。在火车上或者长途汽车上，经常会有人喝饮料的时候，突然说“我中奖了”，瓶盖上印了“5 万元”或者其他数目的奖，这时就会有人出钱买他中奖的瓶盖，大家一定要注意，这些人其实是一些托儿，他们一起演戏，计划骗周围人的钱。如果有人出几百元甚至上千元购买了这个中奖的瓶盖，等最后去兑奖的时候，就会发现这个瓶盖其实是假的。

2. 炸药包骗局。“炸药包”骗局是这样的，一般当你正在路上行走的时候，会忽然发现地上有个装有贵重物品的包裹。而当你发现这个东西的时候，会有另外一个人走过来，说是你们两个同时发现的这东西，那么两人就应该都有份。但是他会做出很大方的样子，说如果你给他多少钱这东西就归你了。貌似他很吃亏的样子。例如，捡到的东西价值 5000 元，他会要你给他 600 元，这东西就归你。如果你觉得很合算，那么就中了他的圈套，实际上你得到的东西根本不值钱。

3. 碰瓷骗局。当你走在路上的时候，会有人突然撞你一下，而这个撞你的人通常怀里抱着什么贵重的东西，很不巧的是，这一撞就把那个东西给掉地上撞坏了。这时，他就会说自己的东西如何珍贵，纠缠让你必须赔，不赔的话就要把你送到公安局等等，用各种方式恐吓吓唬你。如果你一害怕，就可能乖乖地给人家赔钱。

其实我们可以发现，无论是什么样的骗术，都是在利用人们的贪财、占小便宜、胆小怕事的心理。只要我们能够克服这样的心理，这些骗术是可以不攻自破的。

二十四、在城市中怎样治病求医？

外出打工人员如果生病了，应该及时进行有效的治疗；如果不治，就很有可能会演化成更严重的病，发生意想不到的后果。有病不能乱吃药，乱投医，更不能依赖封建迷信治病。

在城镇里看病，可以选择距离我们较近的医院，或者离工作地点较近的医院，但是一定要去正规的医院。在医院看病首先要挂号，挂号时需要说明自己要看什么病。不同的病看不同的科，挂不同的号。看完病拿到药后一定要听从医生的忠告，按医生的要求按时服药、打针或者休息。

除了去正规医院看病外，也可以去一些国家批准的私人诊所看病。那里的费用一般比大医院要低。但是一定不要轻易相信大街上那些所谓的“祖传秘方”、“偏方”等。

如果得了一些常见的病，如咳嗽、感冒、腹泻等，症状不严重的，可以自己到街上的药店买些药先吃吃看。买药的时候可以向药店的营业人员咨询哪种药最合适。

二十五、如何预防流行性感冒？

流行性感冒，简称流感，是由流感病毒引起的急性呼吸道传染病，发病率较高，易引起暴发性流行或大流行，病原体为甲、乙和丙三种类型的流行性感冒病毒，主要通过空气中的飞沫进行传播。

流感的临床上有急起高热、全身肌肉酸痛、乏力、眼结膜炎明显和轻度呼吸道感染症状，老年人及伴有慢性呼吸道疾病、心脏病者很容易并发肺炎。流感最主要的特点是流行，可引起区域性、全国性，甚至世界性的大流行。因此，流行也是临床医师诊断流感的主要根据。由于流感病毒尤其是甲型病毒极易变异，因此每一年发生的流感的病毒株，或病毒血清型往往是不同的，一般三年一个流行高峰，发病人数多，全身症状严重。

流感的预防措施主要有：

1. 疫苗预防：常用的疫苗有减毒疫苗和灭活疫苗两种。减毒疫苗用鼻腔喷雾法，灭活疫苗采用皮下注射法。接种后半年至一年有预防同型流感的作用。但流感病毒的毒株经常变异，因此难以预测本年度流行的病毒类型，只能推测可能是哪种类型。

2. 早发现早隔离早治疗。流行期间应减少大型的集会和集体活动，外出到公共场所时应戴口罩，尽量少出入人口密集的地方。每天应定时开窗通风，保持室内空气新鲜。

3. 药物预防：盐酸金刚烷胺预防甲型流感具有一定的效果，对乙型流感则没有效果。所以，在流行的早期必须尽快确定流行株的型别，才能对没有保护的人群进行药物预防。

二十六、中暑的症状以及如何救治？

高温是发生中暑的根本原因。夏季，特别是伏天，气温过高，甚至超过人的体温，务工人员在烈日下劳动或进行其他活动，如果没做好防暑设备，或未及时采取相应的措施及活动时间太长等，使体内热量不断产生，散热又困难，在外界高温的作用下，体内热量越积越多，身体无法调节，或因大量出汗，使身体里的水盐代谢失去平衡，都会使人中暑。此外在某些公共场所如拥挤的密不通风的室内等，也能使人中暑。

1. 中暑的症状。根据临床表现的轻重，中暑可分为先兆中暑、轻症中暑和重症中暑，它们之间的关系是渐进的。

（1）先兆中暑症状。在高温环境下，出现的口渴、多汗、头痛、头晕、四肢无力发酸、注意力不集中、动作不协调等症状。此时体温正常或略有升高。这时如果及时转移到阴凉通风的地方，补充些水和盐分，在短时间内即可恢复。

（2）轻症中暑症状。中暑人员的体温往往在38度以上，除头晕、口渴外，往往伴有大量出汗、面色潮红、皮肤灼热等表现，或出现四肢湿冷、面色苍白、血压下降、脉搏增快等表现。这种情况下如果及时处理，中暑人员在几小时内即可恢复过来。

（3）重症中暑症状。这是中暑情况最严重的一种，如果不及时救治将会危及生命。这类中暑又可分为四种类型：热痉挛、热衰竭、日射病和热射病。

• 热痉挛：多发生于大量出汗及口渴，饮水多而盐分补充不足以致血液中的氯化钠浓度急速明显降低时。这类中暑发生时，肌肉会突然出现阵发性的痉挛的疼痛。

• 热衰竭：这种中暑常常发生于老年人及一时未适应高温的人。主要症状为头痛、头晕、心慌、口渴、呕吐、恶心、皮肤湿冷、血压下降、晕厥或神志模糊等。此时的体温正常或稍微偏高。

• 日射病：这类中暑是因为直接在烈日的曝晒下，强烈的日光穿透头部皮肤及颅骨引起脑细胞受损，进而造成脑组织的充血、水肿。由于受到伤害的主要是头部，所以最开始出现的不适就是烦躁不安、剧烈头痛、恶心呕吐，继而出现昏迷及抽搐等。

• 热射病：有些人在高温环境中从事体力劳动的时间较长，身体产热过多而散热不足时，体温急剧升高，这就是热射病。发病早期有大量冷汗，继而无汗、呼吸浅快、脉搏细速、躁动不安、神志模糊、血压下降，逐渐向昏迷伴四肢抽搐发展；严重者可产生脑水肿、肺水肿、心力衰竭等。

2. 中暑的预防。

（1）外出时要避开烈日。夏天出门记得备好防晒用具，最好不要在10点至16点时出门，因为这个时间段的阳光最强烈，发生中暑的可能性是平时的10倍。如果此时必须外出，一定要做好防护工作，如戴遮阳帽、打遮阳伞、戴太阳镜，有条件的最好涂抹防晒霜，并且准备充足的水和饮料。此外在炎热的夏季，防暑降温药品，如龙虎人丹、风油精等一定要备在身边，以防应急之用。外出时穿着的衣服应尽量选用棉、麻、丝类的织物，少穿化纤品类服装，以免大量出汗时不能及时散热，引起中暑。

注意：孕妇、老年人、有慢性疾病的人，特别是有心血管疾病的人，在高温季节应尽可能地减少外出活动。

（2）别等渴了才喝水。因为口渴表示身体已经缺水了，最理想的情况是根据气温的高低，每天喝 1.5 至 2 升水。出汗较多时可适当补充一些盐水，弥补人体因出汗而失去的盐分。另外，夏季人体容易缺钾，含钾茶水是极好的消暑饮品。

（3）饮食。夏天的蔬菜，如黄瓜、西红柿等的含水量较高；新鲜水果，如桃子、杏、西瓜、甜瓜等水分含量为 80% ~90%，都可以用来补充水分。另外，乳制品既能补水，又能满足身体的营养之需。其次，在高温环境中工作的人，应适当补充含有钾、镁等元素的饮料。

（4）保持充足睡眠。夏天气温高，日长夜短，人体新陈代谢旺盛，容易感到疲劳。充足的睡眠，可使大脑和身体各系统都得到放松，这样既利于工作和学习，也是预防中暑的措施。最佳的休息时间是 22 ~23 时。睡眠时注意不要躺在空调的出风口和电风扇下，以免患上空调病和热伤风。

3. 中暑的处理。当发生中暑时，首先应迅速将中暑病人离开热源或烈日直晒的地方，转移到荫凉通风处，平卧休息，并解开病人的衣扣，用冷毛巾敷在病人头部，用凉水擦洗腋窝等处，以加快散热。如因屋内通风不好而中暑的，可用电扇吹风，使室内空气流通，以帮助散热。同时可给病人喝些凉开水，并口服十滴水或藿香正气丸以解暑。一般轻度中暑的病人，经以上处理休息一会儿，便可以恢复健康。

对于中暑晕倒的病人，可针刺人中、合谷等穴位，可用手指掐人中或合谷穴也有效。病人苏醒后，可给他喝些凉盐开水或盐茶水（一杯水中加半克盐）。如果病人体温在 38 ~40 摄氏度，则应用 25

摄氏度左右水温浸湿的被单或大毛巾裹在病人身上，过 10 ~ 15 分钟，再给病人擦洗全身。对于较重的中暑病人，经过急救处理后，应及时送往医院治疗。

二十七、什么是乙肝？它的传播途径有哪些？

乙型病毒性肝炎是由乙肝病毒（HBV）引起的、以肝脏炎性病变为主并可引起多器官损害的一种传染病。本病广泛流行于世界各国，主要侵犯儿童及青壮年，少数患者可转化为肝硬化或肝癌。因此，它已成为严重威胁人类健康的世界性疾病，也是我国当前流行最为广泛、危害性最严重的一种传染病。乙型病毒性肝炎无一定的流行期，一年四季均可发病，但多属散发。

乙肝病毒的传播途径包括：

1. 通过血液的传播：通过血液传播主要包括经血液和血制品、使用未经严格消毒的医疗器械、注射器以及静脉注射滥用毒品等；其他如纹身、扎耳孔、共用剃须刀和牙刷传播以及破损的皮肤和黏膜传播均归类为血液传播途径。世界卫生组织资料显示，通过血液传播乙肝病毒的证据是确凿的。

2. 母婴传播：母婴传播是乙肝病毒传播的重要途径。慢性乙肝病毒的感染者中约有 30% ~50% 是通过母婴传播获得的。母婴传播可分为宫内传播、产程传播和产后感染。母婴传播率主要取决于母亲血液中是否存在 HBeAg。我国 1979 年、1992 年血清流行病学调查的结果均显示，我国大部分的乙肝感染者是由于母婴感染所致，这和世界卫生组织、联合国儿童基金会发布的乙肝高流行地区的感染模式是一致的。

3. 性传播：乙肝感染者的精液或者阴道分泌物中均含有乙肝病毒。在密切的性接触时，这些体液可透过破损的粘膜而引起感染。对乙肝病毒慢性感染者的配偶进行追踪分析，在婚后的第 1、3、5 年检测，受访的 100 名配偶乙肝表面抗原检出率分别为 20%、31% 和 42%。对 200 名多个性伙伴的女性进行流行病学调查和乙肝病毒感染标志血清学检测，结果显示乙肝病毒感染率达 55.15%，这个数据证明乙肝病毒是可通过性接触传播的。

【小贴士】

卫生部强调，日常工作或生活接触，如在同一办公室工作（包括共用计算机等办公用品）、握手、拥抱、同住一宿舍、同一餐厅用餐和共用厕所等无血液暴露的接触，并不会传染乙肝病毒。

卫生部表示，医学上筛查乙肝病毒携带者的主要方法是通过采集受检者的静脉血，使用酶联免疫吸附试验（ELSIA）或其他酶免疫分析法检测乙肝病毒表面抗原，也可开展 HBV－DNA 检测筛查。

二十八、艾滋病感染的途径及预防措施有哪些？

艾滋病（AIDS）全称为获得性免疫缺陷综合征。它是由艾滋病病毒（HIV）引起的一种目前尚无预防疫苗、又无有效治愈办法且病死率极高的传染病。艾滋病病毒（HIV）通过严重破坏人体免疫功能，造成人们的抵抗力极度低下，最终致全身衰竭而死。艾滋病（AIDS）主要通过乳汁、血液、精液、阴道分泌物等体液传播。

已证实的传播途径有三种：

1. 血液传播：通过共用不消毒的注射器和针头注射毒品、输入含有艾滋病病毒的血液或血液制品、使用未经消毒或消毒不严的各种医疗器械（如：针灸针、针头、美容器械、牙科器械等）、共用剃须刀以及牙刷等传播。

2. 母婴传播：通过产道、胎盘和哺乳传播。

3. 性传播：通过异性或同性性行为传播。

艾滋病是一种极其危险的传染病，但对于个人来说是完全可以预防的，其预防措施主要有：

（1）遵守法律和道德、洁身自爱、反对婚前性行为。

（2）不进行卖淫、嫖娼等违法活动。

（3）远离毒品、不以任何方式吸毒。

（4）不使用未经检验的血液制品，减少不必要的输血。

（5）不去消毒不严格的医疗机构打针、针灸、拔牙、美容或手术。

(6）避免在日常工作、生活中沾上伤者的血液。

(7）根据国外经验，正确使用避孕套有助于避免感染艾滋病。

(8）患有性病后应及时、积极进行治疗，否则已存病灶会增加艾滋病感染的危险。

【小贴士】

艾滋病不会通过空气、食物、水等传播，不会通过公共场所的一般性日常接触（如握手，公共场所的座椅、马桶、浴缸等）传播，不会通过纸币、硬币、票证及蚊蝇叮咬而传播，游泳池也不会传播。

二十九、务工人员到达务工地出现水土不服怎么办?

水土不服是指人们在外出时，出现的失眠乏力、食欲不振、腹胀、腹泻、呕吐、发烧及发生皮肤斑疹等过敏症状。水土不服实际上是因为生活环境如气候、饮食、饮水、地理环境的改变而引起的机体的不适应。例如发生如生物钟紊乱、菌群失调等暂时性的功能紊乱综合症。

可以按照以下的方法防治水土不服：

1. 尽量保持和在家里时一样的生活规律和生活习惯，如按时吃饭，按时休息等。

2. 饮食调整：注意饮食卫生，不吃小摊小贩的食品，不吃未煮熟的蔬菜，肉类；忌喝蜂蜜水，蜂蜜水会刺激胃酸分泌，加重腹泻；忌喝茶，因为茶叶中含的鞣酸会与食物蛋白质相结合难以消化；忌喝汽水，碳酸饮料有较多的二氧化碳，会加重胃肠症状。

3. 当出现水土不服的症状时，饮用酸奶是减轻不适症状的最好方法。因为酸奶里含有大量的乳酸杆菌，有助于人体的消化和吸收，缓解腹泻呕吐等症状。但是记住不能饮服冷藏后的酸奶，这样会使病情加重。

4. 外出打工时，要携带一些必备的药品，如抗生素、黄连素、氟哌酸，复方苯乙哌啶（止痛止泻）；抗过敏药物如息斯敏等；调节肠道菌群药物：如乳酸菌素片，金双歧等；其他如霍香正气水等。

5. 消除紧张心理，保持心情愉快，积极主动地去适应新的环境，这样也可以在一定程度上克服水土不服。

水土不服的症状中，可以采取以下的方法来处理“腹泻”和“消化不良”症状：

1. 使用消化剂帮助消化。

2. 喝一些温热的米粥，里面加入少量的盐。

3. 服用一些含葡萄糖的口服液，补充能量、水分及电解质。如有必要可以到医院接受静脉点滴输液。

【小贴士】

人体都有很强的适应能力，一般几天后各种水土不服的症状就会自然消失。如果水土不服的现象非常严重，或者症状长期不消退的话，就应及时到医院接受医生的治疗。

三十、如何防止和治疗食物中毒?

食物中毒，症状比较轻的情况下会造成身体的损失，严重的情况下则会伤及性命。防止食物中毒必须要养成良好的卫生习惯。在饮食中需要注意以下两点：

1. 忌吃没有做熟的食物。如果食用某些没有熟透的食物，就会引起食物中毒。如吃了没有炒熟的扁豆，就会出现头疼、恶心，并伴有发冷的症状。还有发霉的花生、绿色番茄、发芽的土豆等都会导致食物中毒。

2. 忌吃不干净的食物和发霉变质的食物。很多食物的表面都有病菌和有其他有害的物质，仅仅用手擦是擦不掉的，还有很多蔬菜和水果的表面都残留有有毒的农药，这些农药也同样会导致食物中毒。因此，吃蔬菜水果之前一定要使用清水和洗洁精，清洗干净后再吃。同时不要因为不想浪费而吃霉变的食物。食物霉变是因为有霉菌在生长繁殖，会产生有毒物质。霉变的食物会对身体造成损害，甚至引起死亡。

一旦发现食物中毒，可以采取以下紧急救治的方法：

1. 首先要自己催吐。采取某些有效的方法刺激喉咙，引起呕吐感，把吃进去的食物都吐出来。然后再及时到医院去检查，接受进一步治疗，彻底除掉身体内的毒素。

2. 到医院诊治。出现食物中毒后应该到医院接受诊治，千万不能因为心疼钱或认为自己挺一挺就没事了。当造成严重后果的时候，后悔都来不及了。

3. 防止脱水。当发觉食物中毒之后，要多喝盐开水、茶水或稀米汤、姜糖水等，防止造成身体脱水。

4. 处理掉可疑的食物。对怀疑有害的食物，一定不要再次吃。

三十一、如何防止和救治煤气中毒？

煤气中毒的现象比较普遍，每年都有关于进城务工人员因为煤气中毒而死亡的报道。煤气中毒的预防是关键，特别要注意做好以下几点：

1. 尽量不使用煤炉进行取暖。如果使用煤炉，一定要安装烟囱，并且保证烟囱的排烟状况良好，室内要注意经常通风。

2. 经常擦拭天然气或者煤气灶具，定期检查天然气或煤气管道，查看是否有泄漏。

3. 一定要使用煤气或者天然气的专用橡胶软管，每半年检查更换一次橡胶管道，但千万不能用乙烯管或者破旧管子代替。

4. 在厨房安装排气扇或者抽油烟机。

当发现有人煤气中毒时，可以采取以下几种措施：

5. 拨打急救电话，等待医生的到来。

6. 开门开窗，使室内空气流通。

7. 解开病人的衣扣，并注意保暖。把病人转移到空气新鲜的地方，并清除掉病人的口鼻分泌物，以防堵塞呼吸道。

8. 如果发现病人的呼吸停止，应立即进行口对口的人工呼吸，并且作心肺复苏。

9. 最后一定要查找煤气泄漏的原因，排除隐患。

三十二、发生火灾时该怎么办?

在城镇务工，难免会遇到发生火灾的情况，因此一定要懂得一些相关的火灾急救常识。

1. 当发生火灾时，首先拨打119火警急救电话，清除描述火灾的状况，告诉消防人员着火的详细地点。在等待救援的时候，也要采取一些自救的措施。

2. 火势越来越大时，应该尽快设法脱险。如果门窗、楼梯已经被烟火封住，没有可能向外冲时，可以用湿毛巾、湿被单把头包好向外冲。因为湿的东西不易燃烧，所以裹上湿东西后可以保护自己。如果浓烟太大，呛得透不过气来，可以用口罩或者毛巾捂住口鼻。要保证身体尽量贴着地面前进，或者爬行。因为浓烟一般都漂浮在上面，越接近地面的地方浓烟越少。

3. 如果是楼房着火，而且楼梯已经被烧断。这时应该保持镇静，想办法从别的地方安全转移。可以根据当时情况采取以下几种方法脱离危险:

(1) 住在比较低的楼层的，可以将结实的绳索拴在牢固的窗框或者床架上，然后沿绳索慢慢爬下去；如果找不到绳索，可以将被套、床单或者结实的窗帘布等撕成条，最后拧成绳来用。

(2) 低楼层的人，如果没有绳索，也来不及拧绳的，可以往楼下扔一些被褥做垫子，然后顺着窗口或阳台往下跳，这样可以更好地保证人身安全。

(3) 如果住在楼层比较高的地方，千万不要急于跳楼逃生。这时可以躲到比较安全的房间，如卫生间。或者转移到邻居的阳台上，耐心等待消防人员的到来。

三十三、钱物丢失怎么办?

城镇的生活环境比较复杂，人口众多，辛辛苦苦挣来的钱很可能会被人偷走。一旦遇到这种情况，该如何处理呢?

1. 如果是在自己的宿舍或者租来的房子里丢失钱财的，应该注意保护好现场，不可乱动东西，然后及时到居住地的公安部门报案。在公安人员的调查期间，要积极配合，真实详细地提供情况。如果怀疑是某人偷的，也可以告诉公安人员，但是自己千万不可以私自去问，更不能找老乡来帮忙质问对方，甚至殴打对方。

2. 如果是在商场遭到盗窃的，应该首先观察自己的周围是否有可疑人员，如果有，就马上大声呼叫自己被偷，请周围的群众或商场保安人员帮忙抓住这个人，并送到附近的公安机关。

3. 如果是在公共汽车上遇到盗窃的，这时要向车上的司机和售票员求助；如果在火车上遇到被盗的，要及时求助于车上的乘务员和乘警，他们会为你提供相应的帮助。

当然，避免钱财丢失的最好的办法是防止被盗。钱不要全部放在家里面，要存到银行，存折要设置密码，这样即使小偷偷走了存折也没办法取钱；出门逛街买东西时，最好把钱装好看好，防止被盗。

如果不幸因被盗而遭受了损失的，千万不要消极悲痛，更不能存有报复心理，做出违法的事情。要以平和的态度接受现实，吸取教训。

三十四、务工人员的居民身份证丢了怎么办?

居民身份证是居民最经常使用的证件。如果身份证丢了，会给生活带来很大的不方便。因此一定要保管好自己的身份证。

按照公安部制定的《身份证条例实施细则》规定，居民在丢失身份证后，应该采取如下几个措施：

1. 立即到公安机关进行报失，一般需要到工作单位的管辖区派出所报失。然后打电话到家里，让家人到家乡的乡镇派出所代为报失。

2. 报失后，要申请补办一个新的居民身份证。办理新的身份证时，需要带上户口簿和村委会开的证明。办理新的居民身份证的地点并不一定要在家乡的乡镇派出所办理。比如四川人在深圳打工，丢失身份证后可以到四川省公安厅驻深圳办事处办理即可。

3. 由于新的身份证办理需要较长的时间（一般是3个月），所以需要先在家乡的乡镇派出所办理一个临时身份证，邮寄回来。临时身份证的有效期为3个月，在有效期内与正式身份证具有同样的效力。

4. 当拿到新的身份证后，需要退回临时身份证。

【小贴士】

有些人在丢失了居民身份证之后，会借用朋友的身份证来办理一些事情，应付有关部门甚至是公安机关的检查和管理。其实这是一种违法的行为，一旦被发现，公安机关将按照《中华人民共和国治安处罚条例》，对违反规定者处以“50元以下罚款或者警告”的处罚。有的时候，借用别人的身份证办理事务甚至还可能引起一些不必要的纠纷。还有一些人在丢了居民身份证之后，购买假的伪造的身份证，这是一种更严重的违法行为，一旦被发现，就要追究刑事责任了。

三十五、暂时找不到合适的工作该怎么办？

来到城市后，很可能会暂时找不到适合自己的工作，在这种情况下，千万不要着急慌张。

首先，应该冷静下来，分析一下自己找不到工作的原因，是自己的个人能力不够，还是自己找工作时的途径和方法不对，还是自己在面试的时候忽视了一些应该注意的细节问题等等。只有在总结了失败的原因之后，才能更好地投入到下一次的找工作之中。

然后要开动脑筋，想一想在城市中有哪些人可以给你帮助，为你指点迷津；哪些单位或者个人可以给你提供找工作的线索。比如住在当地的亲戚朋友，当地的劳务市场，职业介绍机构以及可能用工的地方等等。接下来，就该到这些地方去看看，多走多问，积极地自我推荐。这时不要过于介于自己原来的手艺，一时找不到适合自己的工作，也可以先做些别的工作。先找份工作，安定下来，以后再找机会从事能发挥自己专长的工作，这也不失为一个好方法。

【小贴士】

在暂时找不到工作的情况下要特别注意：不要立即回家，而要冷静地分析原因，要越挫越勇，积极地去寻找新的工作机会；千万不可以因此而从事一些违法的工作，使自己遗憾终生。

三十六、女工该如何保护自身安全？

女性务工人员在外地很容易受到人身伤害。所以，女性务工人员，应注意保护自己。

1. 进城务工前，要熟悉了解有关自我保护的法律知识。例如，了解《中华人民共和国妇女权益保障法》中有关的知识；了解《婚姻法》的有关知识以及有关劳动法方面的知识，维护自己在生活、婚恋、劳动中的各项权利；通过有效的手段来保护自己的合法权益；明确什么行为属于违法的范围，受到不法伤害后可以通过哪些途径解决。

2. 善于分辨真伪。不轻易相信他人，尤其是那些花言巧语，要帮你介绍一个待遇特别好的工作的人。如果发觉上当，应迅速拨打“110”报警电话，报告公安部门。

3. 经常与家人或朋友保持联系，让他们知道自己的情况和去向。万一有什么事情发生的时候，也可以及时得到帮助。此外，外出务工人员的家人，也应该主动与他们联系，一旦出现联系中断的情况，就应该主动到她的工作单位或者居住地打听情况。

三十七、春运回家火车票怎么买？

要买火车票，首先就要对车次有所了解。旅客列车车次由二位至四位数字组成，部分车次在数字前还加了一个大写字母。那其实是汉语拼音的第一个字母。例如：

“D111 次”这个 D 代表动车组的意思。

“Z222 次”这个 Z 代表该趟车次是直达旅客列车。

“T333 次”这个 T 代表该趟车次是特快。

“K444 次”这个 K 代表该趟车次是快速列车。

“N555 次”这个 N 代表该趟车次是局管内直通快车。

“Y666 次”这个 Y 代表该趟车次是旅游列车。

“L777 次”这个 L 代表该趟车次是加开的临时旅客列车。

“A888 次”这个 A 代表铁路运行图已经加开了计划中的临客后，发现某个方向仍无法满足需要，为避免旅客大量积压，又临时加开的临客，这种车你是在铁路客车时刻表上找不到的，也就是俗称的“临外临”。

列车行驶速度和正点率中，D 字头的车是优先保证的，往下依次是 Z 字头，T 字头，K 字头，N 字头，Y 字头，不带任何字头的车次、L 字头，A 字头。当然，相应的同等旅程，票价也是按这个顺序由高到低排列的。

买火车票时，最好买当地的始发车车票。因为始发站的票最多，沿途站预留的票较少。如果您所在的是一个小地方，建议您尽量到邻近的大站去买票，那样买到票的几率更大些。春运期间，火车票都会延长预售期，有些地方还可以提前预订返程票。您的最佳选择就是预售期头一天晚上排队。

各大城市许多地方都有火车票代售点，既有车站售票处外派的，也有和地方单位合办的。但是代售点的票额是受票务中心严格控制的，如果没有买到票，可以试着在开车前的几个小时到火车站售票窗口前碰碰运气。因为开车前可能会有退票。还有就是先上车后买票。

第六部分　守法维权

一、劳动者享有哪些基本权利和义务？

劳动者的权利是指劳动者依照劳动法律行使的权力和享受的利益。我国《劳动法》第3条规定，劳动者享有以下各项基本权利：

1. 平等就业和选择职业的权利。平等就业的权利是指劳动者在就业方面一律平等，不因民族、种族、性别、宗教信仰的不同而受到歧视。平等就业权是劳动者享有各项权利的基础，如果平等就业的权利不能实现，其他一切权利也就失去了基础和意义。选择职业的权利是指劳动者在就业的时候，有权利根据自己的兴趣和爱好来选择职业，不受外在力量的强迫。

2. 取得劳动报酬的权利。新中国成立以后，我国制定了许多有关工资制度的法规。它们的实施，保证了劳动者生活水平的提高，调动了劳动者的生产积极性，促进了生产的发展。劳动者付出劳动，依照合同及国家有关法律取得劳动报酬，是劳动者的权利，而及时足额地向劳动者支付工资是用人单位的义务。用人单位违反义务，劳动者可以依法要求有关部门追究其责任。获取劳动报酬是劳动者持续地行使劳动权必不可少的物质保证。

3. 休息休假的权利。我国宪法规定，劳动者有休息的权利，国家发展劳动者休息和休养的设施，规定职工的工作时间和休假制度。休息休假的法律规定既是实现劳动者休息权的重要保障，又是对劳动者进行劳动保护的一个方面。劳动法规定，用人单位不得任意延长劳动时间。

4. 获得劳动安全卫生保护的权利。劳动安全卫生保护，是保护劳动者的生命安全和身体健康，是对享受劳动权利的主体切身利益最直接的保护。由于劳动总是在各种不同环境、条件下进行的，在生产中存在着各种不安全、不卫生的因素，如不采取防护措施，就会造成工伤事故和引起职业病，危害劳动者的安全和健康。如果劳动保护工作欠缺，导致的后果不是某些权益的损失，而是劳动者健康和生命的直接伤亡，对任何一个劳动者而言，生命是行使劳动权利的前提，没有生命，享受任何权利都是一句空话。目前我国已制定了大量的关于劳动安全保护方面的法规，形成了安全技术法律制度，职业安全卫生行政管理制度及劳动保护监督制度。

5. 接受职业技能培训的权利。职业技能培训是指对准备就业的人员和已经就业的职工，以培养其基本的职业技能或提高其职业技能为目的而进行的技术业务知识和实际操作技能教育和训练。我国宪法规定，公民有受教育的权利和义务。受教育既包括受普通教育，也包括受职业教育。公民有劳动的权利，要实现劳动权是离不开劳动者自身拥有职业技能的，在职业技能的获得越来越多地依赖职业培训的今天，公民没有职业培训权利，劳动就业权利就无法充分实现。

6. 享受社会保险和福利的权利。社会保险是国家和用人单位依照法律规定或合同的约定，对具有劳动关系的劳动者在暂时或永久丧失劳动能力以及暂时失业时，为保证其基本生活需要，给予物质帮助的一种社会保障制度。疾病、年老等是每一个劳动者都不可避免的，社会保险是劳动力再生产的一种客观需要。我国的社会保险制度自建立以来，随着生产建设的发展，不断地得到补充和完善，对保护职工身体健康，解除职工的后顾之优，调动职工的生产积极性，发挥了重要的作用。

7. 提请劳动争议处理的权利。劳动争议指劳动关系当事人因执行劳动法或履行集体合同和劳动合同的规定引起的争议。劳动关系当事人作为劳动关系的主体，各自存在着不同的利益，双方不可避免地会产生分歧。用人单位与劳动者发生劳动争议，劳动者可以依法申请调解、仲裁，提起诉讼。劳动争议调解委员会由用人单位、工会和职工代表组成。劳动仲裁委员会由劳动行政代表、同级工会、用人单位代表组成。解决劳动争议应贯彻合法、公正及时处理的原则。在发生争议时有提请争议处理的权利，也是劳动者其他合法权利的保证。

8. 法律规定的其他劳动权利，如组织和参加工会的权利、参加职工民主管理的权利、参加社会义务劳动的权利、参加劳动竞赛的权利、提出合理化建议的权利、从事科学研究、技术革新、发明创造的权利，依法解除劳动合同的权利，对用人单位管理人员违章指挥、强令冒险作业有拒绝执行的权利，对危害生命安全和身体健康的行为有权提出批评、检举和控告的权利，对违反劳动法的行为进行监督的权利等。

劳动者的义务是指劳动者必须履行的责任。劳动者的基本义务有四项：

（1）完成劳动任务；

（2）提高职业技能；

（3）执行劳动安全卫生规程；

（4）遵守劳动纪律和职业道德。

劳动者的权利和义务与用人单位的权利和义务基本是对称的，也就是说，劳动者的权利即是用人单位的义务，劳动者的义务即是用人单位的权利。

【小贴士】

为什么说提高职业技能是劳动者应该履行的义务？

（1）劳动者的职业技能，作为劳动的技术素质，是劳动者整体素质中的主要构成部分。劳动者职业技术的高低，直接决定着生产产品质量的好坏并影响着劳动生产率水平。因此可以说，一个国家的劳动者的职业技能水平代表了这个国家的技术实力甚至生产力水平。

（2）伴随着世界科技革命和经济全球化的迅速发展，对劳动者素质要求会越来越高。

(3) 目前世界市场上的竞争，已集中地反映到生产劳动者的技能水平上，而我国劳动力总体素质不高，导致很多劳动者由于本人的能力和素质不高而不能从事相应的职业，最终影响了我国整体的生产力水平。因此，每一个劳动者都应该清楚地意识到在我国提高职业技能的重要性与紧迫性，从我做起，努力提高自己的受教育水平与技术素质，为我国的经济腾飞做出积极的贡献。

二、什么是劳动合同?

劳动合同是劳动者与用人单位在平等协商的基础上，确立劳动关系，明确双方权利和义务的书面协议。具有一定的法律约束力。双方一旦签订劳动合同，劳动者就必须遵守用人单位的劳动纪律和各项规章制度，用人单位对劳动者则必须提供相应的劳动条件和报酬。

签订劳动合同时要有以下的要求和步骤：

(1) 双方当事人必须具备合法的资格。作为雇佣方，应当是依法成立的企事业单位、国家机关、社会团体和个人经营户等单位。作为务工者必须具有劳动权利能力和劳动行为能力，即：年满16周岁、身体健康、具有一定文化程度、人品好。

(2) 劳动合同的内容必须合法。劳动合同的内容，首先必须具有《劳动法》规定的必备条款。这些必备的条款分别是：工作内容、劳动报酬、劳动保护和劳动条件、劳动纪律、劳动合同期限、劳动合同终止的条件、违反劳动合同的责任等。除了这些必备的条款以外，双方当事人还可以协商约定其他方面的条款，比如试用期、工作地点、劳动者的居住条件等。

(3) 签订劳动合同的形式和程序必须合法。劳动合同应当以书面的形式签订，不能以口头协议代替。没有书面合同的劳动争议，仲裁机关将不予受理。签署劳动合同的双方必须是自愿的。只有依法签订的劳动合同才具有法律效力，违反法律法规的劳动合同，或采取欺诈、威胁等手段签订的劳动合同都是无效合同。

用人单位与劳动者签订的劳动合同必须包括以下内容：（1）用人单位的名称、住所和法定代表人或者主要负责人；（2）劳动者的姓名、住址和居民身份证或者其他有效身份证件号码；（3）劳动合同期限；（4）工作内容和工作地点；（5）工作时间和休息休假；（6）劳动报酬；（7）社会保险；（8）劳动保护、劳动条件和职业危害防护；（9）法律、法规规定应当纳入劳动合同的其他事项。

在劳动力市场中，用人单位和劳动者的地位是平等的，法律同时保护劳动关系双方的合法权益。根据《劳动法》第二十三条、第十七条规定：劳动合同期满，劳动合同即行终止。劳动关系双方是否续订合同，应当按照自愿平等的原则，由当事人协商决定。任何一方都不能强迫对方接受自己续签劳动合同的要求。

需要注意的是，在签订劳动合同时经常存在这两种情况：一是务工者忽视书面劳动合同的签订，往往与雇佣方达成口头上的协议，这样不利于务工者保护自身的合法权益；二是雇佣方往往在合同中过分强调自己的利益，忽视了对务工者权利的保护，使合同失去公平性，这两种情况都是应该避免的。

三、什么是劳务合同？

劳务合同是民事合同，是指当事人各方在平等协商的情况下达成的，就某一项劳务以及劳务成果所达成的协议。

劳务合同不属于劳动合同。劳动合同是劳动者与用人单位确立劳动关系、明确双方权利和义务的协议。劳务合同则是平等主体的公民之间、法人之间、公民与法人之间，以提供劳务为内容而签订的协议。二者有着本质的区别：

1. 从法律适用看，劳务合同适用于合同法以及民法通则和其他民事法律所调整，而劳动合同适用于劳动法以及相关行政法规所调整。劳务合同是建立民事、经济法律关系的依据，属于民法、经济法的范畴。劳动合同是确立劳动关系的依据，属于劳动法的范畴。

2. 合同的内容不同。劳动合同中的用人单位要为劳动者提供符合国家规定的劳动条件和劳动保护用品；而劳务合同中不需要规定这方面的内容。

3. 合同主体的地位不同。签订劳动合同以后，劳动者便成为用人单位的一员，二者具有从属关系；但是劳务合同的主体之间并不具有从属性，双方始终是相互独立的平等主体，以自己的名义分别履行合同规定的义务。

4. 对合同主体的要求不同。劳动合同的主体一方是劳动者，另一方是用人单位；劳务合同的主体既可以都是公民，也可以都是法人，或者是公民与法人，劳务合同对主体没有特殊要求。

5. 确定报酬的原则不同。在劳动合同中，用人单位必须按照劳动的数量和质量以及国家的有关规定支付劳动报酬、劳动福利待遇等，体现按劳分配的原则；劳务合同中的劳务价格则是按等价有偿的原则支付。

【案例】

小彭来自湖南，来到广州某家政服务有限责任公司寻找工作。2010 年 5 月 7 日，经家政公司介绍，小彭和雇主孙女士签订了协议，聘期 1 个月，工资 1500 元，服务地点在海珠区。在工作的过程中，小彭感觉自己的工作量不断地被增加，于是小彭提出辞职，但孙女士不同意，一直拖到了 5 月 30 日。最后，小彭辛苦工作了 22 天，却没有得到一分钱。

小彭为此状告雇主和家政公司，要求雇主和家政公司支付 22 天的工资 1000 元，同时赔偿精神损失 500 元。庭审结束后，法庭主持双方调解，最后小彭拿到了应得的补偿。

【分析】

小彭和雇主孙女士签订的协议，实际为劳务合同。根据规定，《劳动合同法》调整的是劳动关系，而劳动关系是管理与被管理的关系，相互间构成权利与义务的关系。家庭雇佣的保姆不符合劳动关系的要求和定义，因此不受《劳动合同法》的保护。不过，家庭雇佣的保姆与打工的单位或家庭等构成的是经济关系，他们一旦与打工的单位和家庭等发生纠纷，一般可以通过民事诉讼来解决。

四、什么是集体合同？它与劳动合同有何区别？

集体合同是指企业职工一方与用人单位就劳动报酬、工作时间、休息休假、劳动安全卫生、保险福利等事项，通过平等协商达成的书面协议。集体合同实际上是一种特殊的劳动合同。

集体合同是在劳动合同的基础上产生和发展起来的，两者有明显的区别：

（1）集体合同与劳动合同的当事人不同：集体合同的一方当事人是用人单位，另一方必须是全体职工。全体职工是由工会或职工代表，来跟企业的代表一起协商签署集体合同，劳动者个人一般不能单独同用人单位签订集体合同；而劳动合同的一方当事人是用人单位，而另一方通常是劳动者个人。

（2）合同的内容不同：劳动合同主要约定的是企业和员工之间的权利与义务，而集体合同里主要约定的是职工权利与企业义务。劳动合同是每一个职工和企业分别签订的，所以劳动合同里所反映的都是带有个性的东西，比如说，具体到一位职工，他的工作内容是什么，工资是多少，享受什么样的福利待遇等。而集体合同反映的是企业里所有的劳动者享受哪些最基本的福利待遇，有哪些最基本的保障条件，所以集体合同反映的是共性的问题。

（3）适用范围不同：集体合同适用于用人单位的全体劳动者，即一份集体合同适用于用人单位的每一名劳动者；劳动合同则只适用于劳动者个人，对用人单位其他劳动者没有约束力。

（4）集体合同与劳动合同的作用不同。劳动合同的作用是在企业与员工之间建立起劳动关系，约定双方当事人在履行劳动合同过程中各自的权利与义务以及合同解除与终止的时间和条件。劳动合同的哪一方不履行约定的义务，都是违约或者违法的。而集体合同更多的作用是约束企业给予职工哪些最基本的待遇。在集体合同里，对于约定的企业的义务，企业必须执行；对于约定的员工的义务，基本上是道义上的。也就是说，集体合同里员工约定的应该履行的义务，员工不履行，或者职工代表不履行，那么企业不可以拿集体合同去告员工。所以劳动合同与集体合同的作用是不一样的。

(5) 违约责任不同：就解除集体合同来说，在劳动者违反集体合同的时候，用人单位也不能解除集体合同，集体合同中的用人单位违反集体合同的规定，侵害了工会和全体职工的合法权益并造成损失时，应承担物质赔偿责任；工会不履行集体合同的规定，一般不承担物质赔偿责任。而劳动合同则不同，只要符合违约条件，就构成违约，都可能根据其后果及损失的大小违约方应予以赔偿，而且可能因为违约导致合同解除。

(6) 集体合同与劳动合同产生的方式不同。劳动合同是双方当事人一旦建立劳动关系，就必须签署的。而集体合同则不同，因为劳动关系刚刚建立的时候，企业职工人数不多，无法签署集体合同。所以，签署集体合同与劳动合同的时间是不一样的。按照法律规定，劳动合同是双方当事人一旦在平等自愿的基础上，达成共识，就可以签署。而集体合同是双方当事人虽然在平等自愿的基础上，达成了共识，但是还不能签署。因为必须是先制定集体合同的文本，提交职工代表大会，通过职工代表大会讨论通过了，双方当事人才可以签署。

(7) 集体合同与劳动合同的期限不同。劳动合同有三种期限，即有固定期的、没有固定期的和以完成一定工作任务为期限的。而集体合同只有一种期限，就是有固定期的，而且时间只能是一至三年。

五、集体合同订立的程序是怎样的?

集体合同订立的程序，是指集体合同从协商到合同成立生效所经历的过程。一般而言，集体合同的签订都必须经过以下程序：

1. 制定集体合同草案。集体合同应由工会代表职工与企业签订。没有建立工会的，则由职工推举的代表与企业签订。一般情况下，各个企业应当成立集体合同起草委员会或者起草小组，主持起草集体合同。起草委员会或者起草小组由企业行政和工会各派代表若干人，推行工会和企业行政代表各一人为主席或组长和副主席或副组长。起草委员会或者起草小组应当进行深入调查研究，广泛征求各方面的意见，提出集体合同的初步草案。

2. 审议。将集体合同草案提交到职工大会或职工代表大会进行审议。职工大会或职工代表大会审议时，由企业经营者和工会主席分别就协议草案的产生过程、依据及涉及的主要内容进行详细地说明，然后由职工大会或职工代表大会对协议草案文本进行讨论并做出决定。

劳动和社会保障部于2004年颁布的《集体合同规定》第三十六条规定：经双方协商一致的集体合同草案或专项集体合同草案应当提交职工代表大会或者全体职工进行讨论。职工代表大会或者全体职工讨论集体合同草案或专项集体合同草案时，应当有2/3以上的职工代表或者职工出席，并且必须经过全体职工代表半数以上或者全体职工半数以上同意，集体合同草案或专项集体合同草案方获通过。

3. 签字。集体合同草案经过职工大会或者职工代表大会审议通过后，应由双方的首席代表签字或者盖章。

4. 登记备案。当集体台同签订后，应将集体合同的文本及其各部分附件一式三份提请县级以上的劳动行政主管部门登记备案。劳动行政部门具有审查集体合同内容是否合法的责任，如果发现集体合同中的项目与条款有违法、失实等情况，应发回企业对集体合同进行修正。如果劳动行政部门在收到集体合同文本之日起的15日内，没有提出意见，集体合同即发生法律效力，企业行政、工会组织和职工个人均应依法履行。

5. 公布。集体合同一经生效，企业应及时向全体职工进行公布。

六、劳动合同有什么作用？

根据我国《劳动法》和《劳动合同法》的规定，用人单位自用工之日起即与劳动者建立了劳动关系。一些农民工朋友缺乏签订劳动合同的意识，一旦合法权益受到侵害或发生劳动争议，到头来吃亏的只能是自己。因此，外出务工人员一定要重视签订劳动合同，将自己和用人单位的权利和义务写在纸上，确保自己的合法权益不受损害。在找到工作建立劳动关系后，双方必须签订劳动合同。

劳动合同是产生劳动法律关系的法律事实，是建立劳动关系的基本形式。劳动者与用人单位订立劳动合同，对于保障劳动者的合法权益，用人单位合理使用劳动力，增强企业活力，提高劳动生产率，促进社会主义现代化建设，都有重要的作用。

劳动合同的作用主要表现在以下几方面：

1. 劳动合同是劳动者实现劳动权的重要保障。劳动权是劳动者获得职业的权利。它是劳动者生存的权利。我国宪法规定："中华人民共和国公民有劳动的权利和义务。"国家通过宪法和法律保障劳动者实现劳动权。劳动合同是保障劳动者实现劳动权的法律形式。它可以将国家规定的客观劳动权变为劳动者的主观劳动权。劳动者订立劳动合同，意味着劳动权的实现，劳动者在合同期限内获得有保障的工作，用人单位不得无故解除劳动合同。国家通过促进经济和社会发展，创造就业条件，扩大就业机会，保障劳动者实现劳动权。

2. 劳动合同是用人单位合理地使用劳动力、提高劳动生产率的重要手段。

用人单位可以通过与劳动者签订不同类型、不同期限的劳动合同，发挥劳动者的专长，做到人尽其才，合理使用劳动力。用人单位享有依法订立、变更、解除、终止劳动合同的自主权，劳动者能进能出，可以促进劳动力流动，优化劳动力资源配置。劳动合同规定劳动者必须遵守其所在单位内部劳动规则和其他规章制度，有利于巩固劳动纪律。签订劳动合同的目的之一是为了提高劳动生产率。只要用人单位认真履行劳动合同，就能调动广大劳动者的劳动积极性，促进劳动生产率的提高。

3. 劳动合同是减少和防止发生劳动争议的重要措施。在我国社会主义制度下，劳动者同用人单位的根本利益是一致的，但是由于种种原因也会产生矛盾，发生劳动争议。签订劳动合同，明确规定当事人双方的权利和义务，有助于提高双方履行劳动合同的自觉性，促使双方正确地行使权利与履行义务，减少和防止发生劳动争议。

【案例】

1. 张某经老乡介绍到北京的某建筑工地做瓦工。在工作过程中因脚手架断裂，导致其坠地身亡。建筑公司以张某没有签订劳动合同为由，拒绝进行赔偿。

最后张某的家属求助于劳动仲裁机构，经仲裁机构认定：张某与用人单位虽然没有签订书面的劳动合同，但可以认定张某与用人单位形成了事实上的劳动关系。因此张某的死亡属于工伤的范畴，用人单位应依法向张某的家属支付赔偿金，张某的家属可以依法享受工伤保险待遇。

【案例】

2. 小王在北京的一家工厂打工，但没有和该工厂签订书面的劳动合同。3 个月后，老板以某些理由将小王辞退，并且没有给他结算工资。小王为此多次找工厂的负责人理论，但都没有能解决问题。最后小王只得向劳动监察部门投诉。相关部门对此事进行了调查，但工厂矢口否认小王是其员工，小王也拿不出劳动合同和其他书面证据证明他与该工厂存在劳动关系。因此，小王没能从该工厂获得应得到的赔偿。

【分析】

按照《劳动合同法》的规定，用人单位与劳动者应当自用工之日起一个月内订立书面劳动合同。如果不能证明存在劳动关系，则其各种劳动保障权益将难以得到保护。

【小贴士】

用人单位未与劳动者签订合同时，哪些凭证可证明双方的劳动关系？

（1）工资支付凭证或记录（职工工资发放花名册）、缴纳各项社会保险费的记录；

（2）用人单位向劳动者发放的“工作证”、“服务证”等能够证明其身份的证件；

(3) 劳动者填写的用人单位招工招聘“登记表”、“报名表”等招用记录；

(4) 考勤记录；

(5) 其他劳动者的证言等。

七、劳动合同应该具备哪些内容?

根据《劳动法》的规定，劳动合同的内容可以分为两个部分：必备条款和补充条款。

必备条款必须包含以下八方面的内容：(1) 劳动合同的期限，就是合同开始的时间和结束的时间。(2) 工作内容，规定劳动者在该单位做什么工作。(3) 劳动保护和劳动条件，如建筑工人应该发放安全帽等。(4) 劳动报酬，也就是工资。(5) 劳动纪律。(6) 劳动合同终止的条件，规定合同终止的条件。(7) 违反劳动合同时，双方应该负的责任。(8) 特殊条款，由于某些劳动合同的特殊性，法律要求某一种或某几种劳动合同必须具备的条款。例如，中外合资经营企业和私营企业的劳动合同中应该包括工时和休假的条款。

补充条款也叫做商定条款，是指双方当事人在签订合同时互相商量协定的条款。补充条款是法律赋予双方当事人的自由权利，但是补充条款的约定不能与国家的法律法规相抵触，不能危害国家、其他组织或者个人的权益。

八、什么是无效劳动合同?

无效劳动合同是指所订立的劳动合同不符合法定条件，即不具有法律效力的合同。

我国《劳动法》第十八条规定的全部无效劳动合同包括两种：(1) 违反法律、行政法规的劳动合同；(2) 采取欺诈、威胁等手段订立的劳动合同。部分无效合同是指部分条款无效的合同。确认劳动合同部分无效的，如果不影响其他部分的效力，其余部分仍然有效。

劳动合同是不是有效不能由双方当事人来认定，而是应由劳动争议仲裁委员会或人民法院来认定。对劳动合同的无效或者部分无效有争议的，由劳动争议仲裁机构或者人民法院进行确认。

无效劳动合同或部分无效劳动合同包括以下的常见条款：

（1）内容违反法律法规的劳动合同。如约定的试用期超过6个月、不为劳动者购买社会保险等。

（2）签订劳动合同的程序形式不合法。如未经双方当事人协商等。

（3）主体不合格的劳动合同。如招用童工等。

（4）采用欺诈的手段，故意隐瞒事实，使对方在违背真实意思的情况下签订的劳动合同。如承诺优厚的工作待遇等。

（5）采用胁迫的手段，以损害生命、健康、名誉、财产等手段，强迫对方签订的劳动合同。如当合同期满后强迫续签劳动合同的。

（6）违反劳动安全保护制度。如约定劳动者自行负责工伤、职业病等。

（7）收取各种费用的劳动合同。如强制收取培训费、保证金、抵押金等。

（8）劳动者伪造学历，提供虚假情况而签订的劳动合同。

（9）侵犯劳动报酬权利的劳动合同。如支付低于最低工资标准的工资、加班不支付加班工资等。

（10）侵犯健康权利的劳动合同。如约定工作时间超过法律规定，损害劳动者正常休息休假。

（11）侵犯自主择业权利的劳动合同。如限制职工流动、设定巨额违约金等。

劳动合同如果是部分无效合同，则必须对无效部分进行修改，以符合国家有关法律法规的要求和双方当事人的意愿。如果是因为用人单位的原因签订了无效劳动合同，并且对务工者的工资收入造成损失的，除了按照务工者应该得到的工资收入给予补偿之外，还要按规定加付一定的赔偿费。

九、签订劳动合同要注意哪些问题?

对进城就业的农民工而言，签订劳动合同是维护自身权益的重要手段。如果用人单位没有与劳动者签订劳动合同，那么劳动者一定要主动提出签订书面的劳动合同；如果用人单位执意不肯签，劳动者可以向当地的劳动保障部门反映情况，由劳动保障行政部门来督促其签订。

农民工朋友在签订劳动合同时要注意以下问题:

(1) 签订劳动合同前，要仔细阅读关于相关岗位的工作说明书、劳动纪律、工资支付、劳动合同管理细则等规章制度。因为这些文件涉及农民工自身的多方面权益，当这些文件作为劳动合同附件时，与劳动合同具有同样的法律约束力。

(2) 劳动合同中要明确规定工作内容和工作时间、劳动合同期限、劳动保护和劳动条件、劳动报酬、劳动纪律和违反劳动合同的责任等内容。在签订劳动合同时，劳动者对以上各条要做到尽可能详细、具体地了解。比如劳动报酬，一定要写明工资支付标准、支付形式以及支付时间等，以便将来发生劳动争议时能够维护自己的合法权益。

(3) 劳动合同至少一式两份，双方各执一份，劳动者对自持的一份应妥善保管。如果用人单位事先起草了劳动合同文本，劳动者在签字时一定要慎重，对文本仔细推敲，发现条款概念模糊、表述不清的，应及时要求用人单位进行说明与修改。农民工在签订劳动合同前，也可以向有关部门或公共职业介绍机构进行咨询，以确认合同相关内容的合法性与公平性。需要特别注意的是，劳动合同中涉及的数字，应当用大写汉字表示。

十、哪些合同不能签?

1. 生死合同。有的企业不按劳动法的有关规定，在签订合同时与劳动者约定“工伤概不负责”等条款来逃避责任。对于这种情况，农民工可以要求用人单位取消相关条款；如果协商不成，一旦发生事故，农民工可以申请劳动仲裁委员会或人民法院确认这些条款无效。

2. 卖身合同。一些用人单位与农民工在合同中约定“一切行动听从用人单位安排”，合同一旦签订，劳动者就如同卖身一样完全失去行动自由。有的用工单位在工作中强迫雇工劳动，甚至任意体罚和拘禁农民工。当遇到这种情况的时候，农民工朋友不能忍气吞声，要及时向劳动保障监察部门或公安机关投诉举报，维护自己的合法权益。

3. 口头合同。有的企业不以书面的形式与劳动者签订合同，只是口头约定。这样一旦发生纠纷后，由于缺乏书面文字证据，农民工往往有口难辨。劳动合同应以书面的形式签订。书面合同具有严肃性，便于双方当事人履行和有关部门对劳动合同履行的情况进行监督检查。一旦发生劳动争议时也有据可查，从而维护双方当事人的合法权益。

短期用工仍然要与职工签订书面的劳动合同，以明确双方的权利义务。只是劳动合同期限可以短些或按照工作任务的期限确定。对从事非全日制工作的人员，劳动合同期限在一个月以下的，经双方当事人协商同意，可以订立口头劳动合同。但劳动者提出订立书面合同的，用人单位应当以书面形式订立。非全日制工作，是指劳动者在同一用人单位平均每日工作时间不超过 5 小时，累计每周工作时间不超过 30 小时的用工形式。

4. 两张皮合同。有的用人单位害怕劳动主管部门监督，往往与劳动者签订两份合同，一份用来应付检查，另一份合同才是真正的合同，而这份合同往往是些不平等的合同。

5. 押金合同。在签订劳动合同时，一些用人单位利用劳动合同收取押金，侵犯劳动者利益。这是一种不合法的做法。按照国家规定，签合同时用人单位没有权力收取任何形式的抵押金、定金或保险金。这条规定可以防止用人单位非法收取押金，保护务工者的合法利益。对于违反这项规定的，由公安部门和劳动行政部门按照相关规定责令用人单位立即退还给劳动者本人。

除此之外，用人单位要求扣押身份证也是违反法律规定的。所以，如果用人单位要求抵押有效身份证件，务工人员有权拒绝。实在无法拒绝的，也一定要保留好收据，以备以后维护自己的权利时作为证据。

十一、用人单位不签订劳动合同的怎么办?

如果用人单位没有与务工人员签订劳动合同，务工人员应主动提出签订劳动合同。如果用人单位有工会组织，务工人员也可以向工会反映情况，请工会出面向用人单位提出要求。如果用人单位执意不肯签订劳动合同，务工人员可以向用人单位所在地区的劳动行政部门反映情况，由劳动行政部门督促用人单位与务工者签订劳动合同。

很多务工者到用人单位时没有签订劳动合同，但是务工者与用人单位之间还是存在事实上的劳动关系。在工作过程中，如果务工者的正当权益受到侵害，仍然有权向用人单位索取赔偿。

用人单位自用工之日起超过一个月不满一年未与劳动者订立书面劳动合同的，应当向劳动者每月支付两倍的工资。用人单位违反《劳动合同法》的规定不与劳动者签订无固定期限劳动合同的，自应当订立无固定期限劳动合同之日起向劳动者每月支付两倍的工资。

【小贴士】

无固定期限劳动合同，是指用人单位与劳动者约定无确定终止时间的劳动合同。这里所说的无确定终止时间，是指劳动合同没有一个确切的终止时间。劳动合同的期限长短不能确定，但并不是没有终止时间。只要没有出现法律规定的条件或者双方约定的条件，双方当事人就要继续履行劳动合同规定的义务。一旦出现了法律规定的情形，无固定期限劳动合同也同样能够解除。

十二、劳动合同期限有哪几种?

劳动合同期限是指在劳动合同中规定的，劳动合同存续的时间及劳动者为用人单位提供劳动的时间。劳动合同期限可分为固定期限、无固定期限和以完成一定工作为期限三种。

1. 有固定期限的劳动合同，即在订立合同时就明确约定了期限的劳动合同。期限可长可短，由单位的用工需要以及双方协商确定。

2. 无固定期限劳动合同，即没有约定终止日期的劳动合同。无固定期限劳动合同只要不出现约定的终止条件或法律规定的解除条件，一般不能解除或者终止，双方约定的劳动关系可以一直存续到劳动者退休为止。

3. 以完成一定工作为期限的劳动合同。是指劳动者与用人单位订立的，以完成某项工作或某项工程为有效期限的劳动合同，该项工作或者工程一经完成，劳动合同即终止。

劳动合同中的期限由当事人双方共同协商约定，不能由用人单位单独强行规定。

十三、试用期应该是多久？

《劳动法》规定，劳动合同可以约定试用期，但最长不得超过六个月。在劳动合同中约定试用期，一方面可以维护用人单位的利益，为每个工作岗位找到合适的劳动者。试用期就是供用人单位考察劳动者是否适合其工作岗位的一项制度，给企业考察劳动者是否与录用要求相一致的时间，避免用人单位遭受不必要的损失。在试用期内，用人单位与劳动者的关系是不确定的。地方法规对试用期作出更加严格限定条件的，按地方法规执行。劳动者在试用期的工资不得低于本单位相同岗位最低档工资或者劳动合同约定工资的80%，并不得低于用人单位所在地的最低工资标准。

《劳动合同法》第十九条规定，劳动合同期限3个月以上不满一年的，试用期不得超过一个月；劳动合同期限一年以上不满3年的，试用期不得超过两个月；3年以上固定期限和无固定期限的劳动合同，试用期不得超过6个月。同一用人单位与同一劳动者只能约定一次试用期。以完成一定工作任务为期限的劳动合同或者劳动合同期限不满3个月的，不得约定试用期。

十四、什么情况下可以变更劳动合同？

劳动合同的变更和劳动合同的签订一样，应该不能违反法律、行政法规的规定，并且在平等自愿、协商一致的基础上进行，任何一方不能擅自变更劳动合同。

当务工人员认为原来的劳动合同的部分内容需要修改时，首先要进行认真考虑（因为变更劳动合同涉及双方的权利和义务），然后告知用人单位，最后要经过用人单位的同意。

通常情况下，变更劳动合同的条件有下以三方面原因：

1. 客观方面的原因，例如自然灾害的影响，国家经济政策的调整等。变更劳动合同时，双方当事人应当再签订一份劳动合同变更通知或协议。

2. 用人单位方面的原因，例如用人单位企业合并、调整生产任务、转产等。

3. 务工人员方面的原因，例如因意外事故致伤、致残，经劳动鉴定委员会确认部分丧失劳动能力，用人单位需另行安排工作的。

【小贴士】

变更劳动合同书范本

甲　方：＿＿＿＿＿＿＿＿

乙　方：＿＿＿＿＿＿＿＿

经甲乙双方协商同意，对＿＿＿年＿＿＿月＿＿＿日签订的劳动合同书作如下变更：

XXXXXXXXXXXXXXXXXXXXXX

XXXXXXXXXXXXXXXXXXXXXX

甲方（盖章）　　　　乙方（签章）

法定代表人

或委托代理人（签章）

日期：　年　月　日　日期：　年　月　日

十五、用人单位在哪些情况下可以解除劳动合同?

劳动合同的解除，是指在劳动合同订立之后，由于某种原因导致一方或双方提前解除劳动关系。劳动合同可以单方面依法解除，也可以双方共同协商解除。

根据《劳动法》第二十五、二十六条的规定，用人单位在出现以下情况时可以单方面解除劳动合同：

（1）劳动者在试用期间被证明不符合录用条件的；

（2）劳动者不能胜任工作的，经过培训或者调整工作岗位，仍不能胜任工作的；

（3）劳动者严重失职，营私舞弊，对用人单位造成重大利益损失的；

（4）劳动者严重违反劳动纪律或者用人单位规章制度的；

（5）劳动者患病或非因工负伤的原因，在医疗期满后不能从事原工作，也不能从事由用人单位另行安排的其他工作的；

（6）劳动合同订立时所依据的客观情况发生重大变化，以至于原劳动合同无法继续履行的，经当事人协商不能就变更劳动合同达成协议的。

用人单位在上述（2）、（5）、（6）三种情况下解除劳动合同的，应当提前30天书面通知劳动者本人，可以使其有一段时间来寻找新的工作。

十六、用人单位在哪些情况下不能解除劳动合同?

为了保护劳动者的劳动权，《劳动法》第二十九条规定，用人单位在下列情况下不得解除劳动合同：

（1）劳动者生病或者负伤，并且还在规定的医疗期内的。即使生病和负伤都不是因为工作的原因，因为医疗期是务工者依法享有的带薪休息的时间。即使遇到务工人员的合同期满，但医疗期未满时，劳动合同的期限也应该自动延续到医疗期满，用人单位不得解除或终止劳动合同。

(2) 女职工在孕期、产期、哺乳期内的。根据《劳动法》的规定，女工享受特殊劳动保护，在孕期、产期、哺乳期内用人单位不得解除劳动合同。即使合同期满，而孕期、产期、哺乳期未满的，劳动合同的期限也应自动延续到孕期、产期、哺乳期结束。

(3) 劳动者患职业病或者因工负伤并被确认丧失劳动能力的。这种情况是因为务工人员所从事的工作对身体造成了伤害，这时，用人单位完全有责任对他的工作和生活进行特殊照顾，此时不得解除劳动合同。

(4) 法律、行政法规规定的其他情形。

十七、务工人员在哪些情况下可以解除劳动合同?

务工人员如果不愿意在用人单位继续工作，需要解除劳动合同的，应当提前30天以书面的形式通知用人单位。

但是，当出现以下情况的时候，务工人员无需提前通知用人单位，就可以随时解除劳动合同：

(1) 试用期内的。在试用期内劳动者与用人单位的劳动关系还没有确定，务工人员享有选择职业的权利，可以随时解除劳动合同。

(2) 用人单位没有按照劳动合同约定支付劳动报酬或者提供劳动条件的。务工人员享有取得劳动报酬的权利，在工作过程中也应该享有必要的劳动条件，如果用人单位无法提供基本的劳动条件，务工人员可以随时通知用人单位，解除劳动合同。

(3) 用人单位出现违法行为的，如以暴力、威胁或者非法限制人身自由的手段强迫劳动的，用人单位违章指挥、强令冒险作业危及劳动者人身安全的。劳动合同应该在平等自愿的基础上签订，劳动过程也应当是平等自愿的，务工人员有权反对强迫劳动。

十八、用人单位裁减人员要经过哪些程序?

用人单位裁减人员也是解除劳动合同的一种情况。用人单位裁减人员应符合法律的规定。《劳动法》第二十七条规定：“用人单位濒临破产进行法定整顿期间或者生产经营状况发生严重困难，确需裁减人员的，应当提前30日向工会或者全体职工说明情况，听取工会或者职工的意见，经向劳动行政部门报告后，可以裁减人员。”

根据原劳动部《企业经济性裁减人员规定》，用人单位裁减人员必须遵循的法定程序如下：

（1）提前30日向工会或者全体职工说明情况，并提供有关生产经营状况的相关资料。

（2）提出裁减人员的具体方案，包括被裁减人员的名单、裁减人员的时间以及实施步骤，符合法律、行政法规规定的和集体合同约定的被裁减人员的经济补偿办法。

（3）将裁减人员方案征求工会或者全体职工的意见，并对方案进行适当的修改和完善。

（4）向当地劳动行政部门报告裁减人员的方案以及工会或者全体职工的意见，并听取劳动行政部门的意见。

（5）由用人单位正式公布裁减人员方案，与被裁减人员办理解除劳动合同手续，按照有关规定向被裁减人员本人支付经济补偿金，出具裁减人员证明书。

【小贴士】

为了防止用人单位无故大量裁减人员，《劳动法》规定，用人单位在6个月内重新录用人员时，应当优先录用以前被裁减的人员。

十九、哪些情况下解除劳动合同劳动者可以获得经济补偿?

根据《违反和解除劳动合同的经济补偿办法》，在出现以下情况而解除劳动合同的，用人单位需要给予劳动者一定的经济补偿。具体补偿数额要按《违反和解除劳动合同的经济补偿办法》规定执行。

（1）经双方当事人协商一致，由用人单位解除劳动合同的；

（2）当用人单位濒临破产时进行法定整顿期间，或者生产经营状况发生严重困难时，必须裁人员的；

(3) 务工人员患病或者非因工负伤，医疗期满后，不能从事原工作的，也不能从事用人单位另行安排工作的；

(4) 劳动合同订立时所依据的客观情况发生重大变化，致使原来的劳动合同无法履行，经当事人协商不能就变更劳动合同达成协议解除劳动合同的；

(5) 务工者不能胜任工作，经过培训或者经过调整工作岗位仍不能胜任工作；

二十、违反劳动合同时，用人单位应承担什么责任？

◆ 低于当地最低工资标准支付劳动者工资的，用人单位克扣或者无故拖欠劳动者工资的，拒不支付劳动者延长工作时间工资报酬的以及解除劳动合同后未依照劳动法规定标准给予劳动者经济补偿的，由劳动行政部门责令用人单位支付劳动者的工资报酬、经济补偿，并可以责令其支付赔偿金；

◆ 用人单位的劳动安全卫生设施不符合规定的，或者是未向劳动者提供劳动保护用品和劳动设施的，由劳动行政部门责令改正；情节严重的，提请县级以上人民政府裁决，并可责令其停业整顿；

◆ 用人单位强令劳动者违章冒险作业，发生重大事故造成严重后果的，对责任人员依法追究刑事责任；

1. 对事故隐患不采取措施，致使发生重大事故给劳动者的生命财产造成重大损失的，对责任人员依法追究刑事责任；

2. 用人单位违反劳动法规定而延长劳动时间的，由劳动行政部门给予警告，责令改正；

3. 用人单位不遵守劳动法对女职工和未成年人的保护规定，侵害他们的合法权益的，由劳动行政部门责令改正；对女职工和未成年人员造成损害的，应当承担赔偿责任；

4. 用人单位用威胁、暴力、或者非法限制人身自由的手段强迫劳动的，由公安机关对责任人员处以15日以下拘留、罚款或者警告；构成犯罪的，依法追究其刑事责任；

5. 用人单位招用未满16周岁的未成年人的，由劳动行政部门责令其改正；情节严重的，由工商行政管理部门吊销其营业执照；

6. 用人单位招用未解除劳动合同的劳动者，对原用人单位造成经济损失的，该用人单位应该承担连带责任。

【小贴士】

用人单位违反《劳动法》有关劳动合同的规定，应当对劳动者承担下列的赔偿责任：

（1）造成劳动者劳动保护待遇损失的，应该按规定补足劳动者的劳动保护津贴和用品；

（2）造成劳动者工伤、医疗待遇损失的，除按照国家的规定为劳动者提供工伤、医疗待遇外，还应支付劳动者相当于医疗费用25%的赔偿费用；

（3）造成女职工和未成年工身体健康损害的，除按国家规定提供治疗期间的医疗待遇外，还应支付相当于医疗费用25%的赔偿费用。

（4）劳动合同约定的其他赔偿费用。

二十一、什么是劳动工资？

劳动工资是指用人单位依据国家有关规定或劳动合同的约定，以货币形式直接支付给劳动者的劳动报酬，包括计时工资、计件工资、加班加点工资、奖金、津贴和补贴以及特殊情况下支付的工资。

其中，计时工资是按照劳动者的技术熟练程度、其所提供的劳动难易程度和工作时间的长短而确定的一种工资支付形式。计时工资又可分为日工资、月工资、年薪以及小时工资等。计件工资是指按照职工生产的合格产品的数量（作业量）和计件单价来支付工资的一种形式。计件工资又可以分为个人计件、集体计件、有限计件、无限计件、累计计件等。

通常情况下，工资应当以货币形式按月来支付给劳动者。如果实行的是周、日、时工资制的，也可以按每周、每天、每小时来支付工资。

【小贴士】

建筑业企业支付农民工工资的方式有哪些?

建筑业企业支付农民工的工资应编制工资支付表，如实记录支付单位、支付时间、支付对象、支付数额等工资支付情况，并保存两年以上备查。工程总承包企业应监督劳务分包企业的工资支付情况，督促其依法按时支付农民工工资。如果业主或工程总承包企业未按合同约定与建设工程承包企业结清工程款的，而使得建设工程承包企业拖欠农民工工资的，应该由业主或者工程总承包企业来先行垫付农民工被拖欠的工资，先行垫付的工资数额以未结清的工程款为限。

企业应将工资直接发放给农民工本人，严禁发放给包工头或者其他不具备用工主体资格的组织和个人。企业也可以委托银行给农民工发放工资。

二十二、劳动者应该怎样获得劳动工资?

根据《劳动法》的规定，用人单位向劳动者支付工资时，应该遵守下列的相关规定:

（1）工资应当以我国法定的货币（人民币）来支付，不得以任何实物以及有价证券代替货币来进行支付。

（2）工资必须在用人单位与劳动者约定的日期支付，至少需要每月支付一次。实行周、日、小时工资制的，也可以按周、日、小时来支付工资。如果遇到节假日、休息日，则应提前到最近的工作日支付。

（3）用人单位应该将工资直接支付给劳动者本人。如果劳动者本人由于一些原因不能领取工资的，可以由其亲属或委托他人代领。用人单位也可以委托银行给劳动者发放工资。

（4）用人单位支付工资时，应向劳动者提供工资清单。工资清单上应注明劳动者的姓名、支付工资项目、工资的数额、时间等。

（5）劳动者在法定的工作时间内依法参加社会活动的，用人单位应视同提供了正常的劳动，应支付给劳动者工资。

（6）如果依法解除或终止劳动合同的，用人单位应在解除、终止劳动合同时一次性付清劳动者的工资。

（7）劳动者依法可以享受年假、探亲假、婚假、丧假、产假等。在这期间，用人单位应按照劳动合同规定的标准支付劳动者工资。

（8）用人单位支付给劳动者的工资不得低于当地政府制定的最低工资标准。

【小贴士】

劳动者工作时间的范围，不仅包括作业时间，还包括准备工作的时间、结束工作的时间以及法定的非劳动消耗时间，如工间休息、工间操时间等；产品发酵、发育、繁殖、凝结时间等；停工待活时间；女职工哺乳婴儿时间等。同时，劳动者按照法律法规的规定，探亲以及参加社会活动的，应视同提供了“正常劳动”。

二十三、国家对标准工作时间是怎样规定的？

《劳动法》第三十六条规定：“国家实行劳动者每日工作时间不超过 8 小时，平均每周工作时间不超过 44 小时的工时制度”。

国务院 1995 年修订的《关于职工工作时间的规定》第三条规定，“职工每日工作 8 小时，每周工作 40 小时”。因此，凡是实行标准工作时间的用人单位，每周的工作时间都不得超过 40 个小时，超过就应该支付加班费。

国家相关规定，用人单位由于生产经营需要，经与工会和劳动者协商后可以延长工作时间，一般每天不得超过 1 小时；因特殊原因需要延长工作时间的，在保障务工者身体健康的条件下每天不得超过 3 小时，每月累计不得超过 36 小时。如果超过这一限度，就是违法行为，劳动者有权拒绝，用人单位需要承担相应的法律责任。

但是，当出现下列情况的时候，用人单位可以直接决定延长工作时间，并且延长的幅度根据需要而定，不受限制，并且不需要和工会及务工者协商。

（1）公共设施发生故障、生产设备、交通运输线路，必须及时抢修的。例如下水管道、自来水管道泄露或堵塞的；

（2）发生自然灾害、事故或者其他原因而需要紧急处理的。例如洪水、地震、抢险等；

（3）法律、行政法规规定的其他情形。例如必须利用法定节日或公休假日的停产期间进行设备保修、保养的；为了完成国家下达的其他紧急生产任务的。

二十四、怎样计算加班工资？

务工人员在正常的工作时间之外加班加点，牺牲了自己的一部分休息时间，因此，按照国家规定，应该获得更高的工资报酬作为补偿。

用人单位按照国家规定安排劳动者加班的，应依法支付其加班工资。《劳动法》对安排劳动者加班后的工资报酬问题规定了下列3种情形：

（1）用人单位在正常工作日安排劳动者延长工作时间的，支付不低于劳动者工资150%的工资报酬。

（2）用人单位在休息日安排劳动者加班工作又不能安排补休的，应支付不低于劳动者工资200%的工资报酬。

（3）用人单位在法定带薪休假日安排劳动者加班工作的，应支付不低于劳动者工资300%的工资报酬。

我国的法定节假日主要包括：元旦一天，春节三天，清明节一天，劳动节一天，端午节一天，中秋节一天，国庆节三天。

对很多外出务工者来说，加班加点是常事。就业者应当把加班加点后得到的工资报酬与国家法律的相关规定作比较，以维护自身利益。

二十五、劳动者每月最低工资是多少？

根据《劳动法》的规定，最低工资是指劳动者在法定工作时间内提供了正常劳动的前提下，用人单位应当依法支付给劳动者的最低劳动报酬。最低工资不包括以下项目：（1）加班加点工资；(2）中班、夜班、高温、低温、井下、有毒有害等特殊工作环境、条件下的津贴；(3）国家法律法规、政策规定的劳动者保险，福利待遇和企业通过贴补伙食、住房等支付给劳动者的非货币性收入等。

目前，我国对城市实行最低工资保障制度。最低工资保障制度适用于我国境内的所有企业，包括国有企业、集体企业、外商投资企业和私营企业等。但是，由于我国各个地区的经济发展水平不一样，工资水平和消费水平也不一样，因此各地区的最低工资标准也不一样。

在城市务工，无论干什么工作，工资都不得低于当地最低工资标准。因此，外出务工者到达务工地后，要及时了解当地的最低工资标准，以确认自己的工资水平是不是低于这一标准。如果发现用人单位支付的工资低于最低工资标准，劳动者可以通过三种方式解决：

（1）与企业进行协商。

（2）向当地政府劳动争议仲裁机构申诉，通过调解仲裁方式解决。

（3）向劳动行政部门的劳动监察机构举报，由劳动行政部门来依法对企业违法行为进行调查处理。

如果用人单位违反了国家的最低工资标准，一般应承担以下3种形式的法律责任；

（1）补足欠付的工资。

（2）当地劳动行政部门应视具体情况，责令企业向职工支付相应的经济补偿金。

（3）对企业进行罚款，罚款所得将上缴国家。

【小贴士】

工资是劳动者收入的主要组成部分，但需要农民工朋友注意的是，并不是所有的劳动收入都属于工资的范围。以下劳动收入不属于工资的范围：

（1）单位支付的社会保险福利费用。如病伤假期救济费、生活困难补助费等。

（2）劳动保护方面的费用。如用人单位支付的工作服、清凉饮料费等。

（3）按规定未列入单位工资总额的各种劳动报酬及其他劳动收入。

二十六、什么是工资集体协商制度？

工资集体协商制度是指职工代表与企业代表依法就企业内部的工资分配制度、工资分配形式、工资收入水平等事项进行平等协商，在协商一致的基础上，签订工资协议的行为。

工资集体协商是市场经济条件下职工参与民主分配决策、形成企业共决机制的重要制度手段，也是市场经济国家在企业工资决定方面的通行做法。而从劳资关系上说，工资集体协商则是实现劳资和谐的必由之路。

工资集体协商的内容包括：（1）工资协议的期限；（2）工资分配制度；（3）工资标准和工资分配形式；（4）职工年度平均工资水平及其调整幅度、奖金、津贴、补贴等分配办法；（5）工资支付办法；（6）变更、解除工资协议的程序；（7）工资协议的终止条件；（8）工资协议的违约责任；（9）双方认为应当协商约定的其他事项。

【小贴士】

2010年7月12日，广东省人民政府官网站上公布了《关于加强人文关怀改善用工环境的指导意见》（下称《意见》），从切实保障职工合法权益、建立健全劳动关系协调处置机制等10个方面、共29条来改善用工环境。

《意见》要求，全省推行工资集体协商制度，各地要及时调整最低工资标准，定期发布工资指导线和人力资源市场工资指导价位，全面实施“工资集体协商三年行动计划”，积极推行区域性、行业性工资集体协商，建立工资集体协商指导员队伍，指导劳动关系双方依法开展协商工作。企业要把增进职工福利与促进企业发展结合起来，加快建立职工工资集体协商和正常增长机制。

（摘自《信息时报》，2010 年 7 月 13 日）

二十七、用人单位克扣或拖欠工资怎么办?

近来年，由于拖欠农民工工资造成的纠纷甚至极端事件不断发生，成为一个比较严重的社会问题。党中央、国务院高度重视，多次强调，“要依法严厉查处恶意拖欠、克扣农民工工资等违法行为，保障农民工的合法权益”。

相关法规规定，用人单位必须以货币形式支付农民工工资，不得以任何名目拖欠和克扣。一般说来，用人单位拖欠务工人员工资的有两种情况：

（1）用人单位故意拖欠工资的。故意拖欠工资是指用人单位无正当理由、超过规定的发工资的时间而没有发放工资的。这时务工人员应该与用人单位进行交涉，要求及早发放工资。如果不能解决，可以向当地劳动行政部门申请争仪仲裁。

用人单位克扣或无故拖欠工资的，按照《违反和解除劳动合同的经济补偿办法》的规定，除了支付务工者工资报酬外，还应加发相当于工资报酬 25% 的经济补偿金。用人单位克扣或者无故拖欠劳动者工资报酬的，劳动者可以向劳动保障部门举报，由劳动保障监察部门责令用人单位限期支付劳动者工资报酬，逾期不支付的，责令不支持的，责令用人单位按照应付金额 50% 以上 100% 以下的标准计算，向劳动者加付赔偿金。恶意克扣、拖欠农民工工资的行为是违法的。

（2）用人单位遇到了人力不能抗拒的灾害等原因，或者确实生产经营困难、资金周转困难，不能按时发放工资。

在这种情况下，用人单位应该向务工人员说明情况，征得务工人员的同意，适当地延期支付工资。延期时间的最长限制由各省劳动行政部门确定。务工人员应理解用人单位的困难。

农民工讨要工资，通过法律途径解决时，要注重证据的收集。法律可以维护人们的合法权益，但合法权益能否依法维护，还要看维权要求是否具备条件，因为法律讲究证据。证据是支持一个诉讼请求的最基本也是最重要的依据。如果发生拖欠工资情况，要注意留存能证明自己和劳动企业存在劳动关系的证明，如合同书复印件、工牌、押金条、考勤表、领取工资的证明、缴纳社会保险的相关单据等，如果上述都没有，可以让单位出具欠条证明拖欠了劳动者的工资。

二十八、务工人员在劳动保护方面有哪些权利和义务?

劳动保护是指保护劳动者在生产过程中的安全与健康。劳动保护包括劳动安全和劳动卫生两个方面。

(1) 劳动安全是指在生产劳动过程中，防止中毒、车祸、触电、塌陷、爆炸、火灾、坠落、机械外伤等危及劳动者人身安全的事故发生。

(2) 劳动卫生是指对劳动过程中的不良劳动条件和各种有毒有害物质的防范，或者是防范职业病的发生。

按照《劳动法》的规定，用人单位必须建立劳动安全卫生制度，对劳动者进行必要的劳动安全卫生教育，防止事故，减少职业危害；同时为劳动者提供符合国家规定的劳动安全卫生条件和必要的劳动防护用品，对从事有职业危害作业的劳动者需要进行专门的培训。

因此，劳动者如果发现用人单位没有采取相应的保护措施，那么就有权拒绝工作。同时，劳动者也应该严格遵守安全生产的规章制度，为自己的生命健康负责。

二十九、国家对女工的“四期”保护有什么规定?

所谓女工的“四期”，是指女工的经期、孕期、产期和哺乳期。做好女工的“四期”保护，不仅关系到女工自己的身体健康，也关系到国家未来下一代的健康。因此国家对此有专门的规定：

◆ 经期保护。在女工月经期的时候，用人单位不得安排其从事低温、高空、冷水和重体力的劳动。

◆ 孕期保护。怀孕的女工不能从事的劳动范围包括：（1）不能从事重体力劳动；（2）不能从事伴有全身强烈震动的劳动；（3）不能在对胎儿成长发育有害的场所工作，例如空气中含有铅及其化合物、汞及其化合物、砷、苯、铍、镉、氰化物、氮氧化物、二氧化碳、一氧化碳、氯等；（4）不能从事频繁变腰、攀高、下蹲的工作；（5）怀孕7个月以上的妇女不得加班，尤其不得加夜班。

◆ 产期保护。产期保护既包括生孩子之后的保护，也包括流产之后的保护。女工在产期内享受一定时期的产假和正常的产期待遇。产假为90天，其中产前为15天，产后75天；难产的增加产假15天；生育多胞胎的，每多生一个增加产假15天；流产的，工作单位也要给予一定时间的产假，在产期中用人单位不得降低女工的基本工资。

◆ 哺乳期保护。在哺乳期内，用人单位每天应给予女工二次哺乳时间，每次30分钟；不能安排女工从事重体力劳动；不能安排女工加班。

三十、怎样避免自己的合法权益受到侵犯？

务工人员的合法权益受到侵犯时，它可能带来经济上的损失、精神上的伤害、对身体健康的危害，有时甚至会有生命危险。如果劳动者不主动地维护自己的合法权益，一些唯利是图的用工者甚至会变本加厉地侵犯劳动者权益。因此，维护自己的合法权益是十分必要的。

如何来维护自己的合法权益呢？

首先，要学会用法律来协调人与人之间的关系。进城务工者尤其应该了解一些跟务工密切相关的法律知识，例如《劳动法》、《合同法》、《违反和解除劳动合同的经济补偿办法》以及用人单位侵犯务工者合法权益后应承担的法律责任、如何处理劳动争议等内容。

务工人员应按照劳动合同的必备条款与用人单位进行仔细协商，避免可能侵犯自己正当利益的条款，并兼顾双方利益。合同签订后要妥善保存，防止丢失。当自己的合法权益受到侵犯时，劳动者千万不要忍气吞声，要积极与用人单位进行协商解决问题，协商不成再通过仲裁，用法律手段来保护自己的正当权益。

三十一、女职工应如何维护自己的合法权益？

女性在就业过程中常遭遇一些不平等的待遇，怀孕女职工被辞退就是很典型的事例。有的单位认为怀孕女职工的工作能力或个人形象受怀孕的限制或者影响，会为此而增加人手和开支，为了节省费用，就以各种理由变相解除劳动合同、降低工资甚至辞退。

目前的确有部分企业对处于孕期、产期和哺乳期的女工采取歧视性政策，侵犯女员工的合法权益。通常有两种比较典型的情况：一是双方签订了劳动合同，当用人单位发现女工怀孕了，便利用合同期满，不再和怀孕女工续签劳动合同，自然解除双方的劳动关系；二是合同期内怀孕的，单位知道后，借故调换工作岗位，降低薪水，逼怀孕女工自动离职。

对此，我国《劳动法》、《劳动监察条例》等法律法规均明确规定，除非员工本人有重大过失，用人单位不得以任何理由解除处于孕期、产期和哺乳期女工的劳动合同。也就是说，女工从怀孕开始就受到法律的特殊保护，直至哺乳期满，在此期间，用人单位必须向女员工保证法律规定的工资、保险等待遇。国家这些规定就是为了保护女工的生育权利，防止和处罚用人单位的违法行为。

如果用人单位对女工采取了违法的处理，侵犯了女工的合法权益，劳动者可以分别向劳动监察机构投诉，或向劳动争议仲裁委员会申诉，要求用人单位按照法律规定履行劳动合同，如果用人单位已经给你造成了伤害，它们还需要赔偿并接受行政处罚。

三十二、哪些维权行为是不理智的？

当农民工朋友意识到自己的合法权益受到侵害时，比如遇到干完活拿不到工资等情况时，一定要通过合法的手段，依靠法律解决自己的问题。千万不能一时冲动，采用过激的、违法的手段去追讨。例如，有的农民工朋友为了讨要工资，以跳楼等不恰当方式，要求解决问题。殊不知，这种手段往往是不能解决问题的，并且还有可能受到治安管理方面的行政处罚。更有一些法制观念淡薄的农民工采取触犯刑法的手段，如绑架、非法拘禁、故意伤害等方式，以求解决问题，岂不知上述行为都是严重的违法犯罪行为，不但要受到法律的严惩，也使自己从一名受害人沦为罪犯。因此，农民工朋友在，维权时一定要注意采用合法的方式。

三十三、维权的时限有没有要求？

农民工朋友通过劳动争议仲裁等法律途径维护自身的合法权益，或者申请工伤认定、职业病诊断与鉴定等，一定要注意不能超过法律规定的时限。如果超过了法定时限，有关申请可能不会被受理，导致自身的权益难以得到保护。

（1）申请劳动争议仲裁的，应当在劳动争议发生之日起 60 日内向劳动争议仲裁委员会申请仲裁。

（2）对劳动争议仲裁裁决不服提起诉讼的，应自收到仲裁裁决书之日起 15 日内，向人民法院提起诉讼。

（3）申请工伤认定的，所在单位应自事故伤害发生之日或被诊断鉴定为职业病之日起 30 日内，向统筹地区劳动保障行政部门提出工伤认定申请。当遇到特殊情况的时候，经报劳动保障行政部门同意，申请时限可以适当延长。用人单位未按规定提出工伤认定申请的，工伤职工或其直系亲属、工会组织应该在事故伤害发生之日或被诊断、鉴定为职业病之日起 1 年内，直接向用人单位所在地统筹地区劳动保障行政部门提出工伤认定申请。

【小贴士】

维权的过程中，证据是非常重要的。如果农民工朋友不能提供有关证据，可能会在一定程度上影响自身权益的维护。在平时的工作中，大家应注意保留下列证据：

（1）用人单位向劳动者发放的“工作证”、“服务证”等能够证明自己身份的证件以及考勤记录。

（2）劳动者填写的用人单位招工招聘“登记表”、“报名表”等招用记录。

（3）与用人单位签订的劳动合同或者与用人单位存在事实劳动关系的证明材料，如工资支付凭证或记录、缴纳各项社会保险费的记录。

（4）来源于有关社会机构的证据，如发生工伤或职业病后的医疗诊断证明或者职业病诊断证明书、职业病诊断鉴定书、向劳动保障行政部门寄出举报材料等的邮局回执。

（5）来源于劳动保障部门的证据，如劳动保障部门告知投诉受理结果或查处结果的通知书。

（6）其他劳动者的证言。

三十四、什么是劳动争议？

劳动争议是指劳动关系当事人之间因实现劳动权利和履行劳动义务而发生的劳动纠纷。劳动争议产生的前提条件是建立劳动关系。它具有如下的特征：(1) 发生在劳动关系双方当事人之间，一方是该用人单位的职工，另一方是用人单位，包括企业、机关、事业单位、团体、个体工商户等。(2) 争议的内容是特定的，必须是实现劳动权利和义务方面的问题，如因开除、除名、辞退职工和职工辞职、自动离职及履行劳动合同发生的争议。

产生劳动争议的原因主要包括以下几个方面：

（1）由于录用、辞职、自动离职和开除、除名、辞退就业者引起的争议；

（2）由于劳动报酬问题引起的争议；

（3）由于劳动保险和生活福利问题引起的争议；

（4）由于职业技能培训问题引起的争议；

（5）由于工作时间、休息时间、女工及未成年人保护、劳动安全与卫生问题引起的争议；

（6）由于奖励和处罚问题引起的争议；

（7）由于履行、变更、解除和终止劳动合同引发的争议；

（8）其他有关劳动权利、义务问题引发的争议。

【小贴士】

流动就业的务工人员最容易发生哪些劳动争议？

由于流动就业的务工人员流动性大、职业技能相对偏低、法律意识不够强，用人单位招用农村劳动者也不很规范，很容易发生如下争议：

（1）劳动合同争议。用人单位在招用农村的劳动人员时，往往不与其签订劳动合同，或者签订的劳动合同条款不完备。因此，在劳动关系存续期间很容易发生履行、解除劳动合同争议以及因事实劳动关系引发的争议。

（2）工资争议。流动就业的农村务工人员所从事的工种多数属于非技术工种，工资比较低，容易出现低于当地最低工资标准的现象。同时，拖欠、克扣工资以及超时劳动不支付加班加点报酬的争议也容易发生。

（3）劳动保险争议。按照规定，劳动者都应当参加养老、失业等社会保险，但一些用人单位由于没有按照规定招用农村劳动人员，或者为了回避应承担的社会保险义务，不为劳动人员缴纳社会保险费的现象常有发生，容易引发争议。

（4）工伤争议。一些用人单位的劳动安全和劳动保护措施不健全，对农村劳动人员也缺乏必要的安全生产教育和培训，很容易发生工伤事故，事故发生后不依法处理，容易引发争议。

（5）收取抵押金、保证金和身份证争议。尽管国家禁止用人单位在建立劳动关系时以任何名目向劳动人员收取货币或扣留身份证件，但实际中，不少用人单位在招用农村的劳动人员时常常收取保证金或身份证，当双方发生争议或用人单位不愿继续用人时，劳动人员难以索回交纳的保证金或者身份证。

三十五、如何解决劳动争议？

发生劳动争议以后，争议双方应积极地寻求解决途径。我国的《企业劳动争议处理条例》第六条规定，解决劳动争议的办法有四种：

（1）与用人单位协商解决。劳动人事争议发生后，在自愿原则的基础上当事人可与用人单位协商，解决争议。一般劳动争议如果能够协商解决最好，协商解决不成再想其他途径。

（2）向劳动争议调解委员会申请调解。劳动争议调解委员会一般设在企业工会内部。

（3）向劳动争议仲裁委员会申请仲裁。仲裁委员会的办事机构一般设在县、市、区的劳动局。劳动争议仲裁委员会负责管辖本区域内发生的劳动争议。劳动争议由劳动合同履行地或者用人单位所在地的劳动争议仲裁委员会管辖。双方当事人分别向劳动合同履行地和用人单位所在地的劳动争议仲裁委员会申请仲裁的，由劳动合同履行地的劳动争议仲裁委员会管辖。劳动争议申请仲裁的时效期间为一年。仲裁时效期间从当事人知道或者应当知道其权利被侵害之日起计算。

下列劳动争议，仲裁裁决为终局裁决，裁决书自作出之日起发生法律效力：（1）追索劳动报酬、工伤医疗费、经济补偿或者赔偿金，不超过当地月最低工资标准十二个月金额的争议；（2）因执行国家的劳动标准在工作时间、休息休假、社会保险等方面发生的争议。

（4）向法院提起诉讼。这有两种情况，一是务工者如果对仲裁裁决不服，可以从收到仲裁裁决之日起 15 日内向法院提起诉讼。二是如果用人单位在收到仲裁裁决之日起 15 日内未向法院提起诉讼，并且逾期不履行仲裁裁决，劳动者可以向法院申请强制执行。

（5）举报。任何组织或个人对违反国家法律法规和规章的行为，有权向相关部门举报。

（6）投诉。当事人认为用人单位侵犯其合法权益的，有权向有关部门投诉。

（7）申请支付令。因支付拖欠劳动报酬、工伤医疗费、经济补偿或者赔偿金事项达成调解协议，用人单位在协议约定期限内不履行的，当事人可以持调解协议书依法向人民法院申请支付令。人民法院应当依法发出支付令。

(8) 申请再次鉴定。职工被认定为工伤，单位或者个人对其鉴定结论不服的，可以在收到该鉴定结论之日起 15 日内向省、自治区、直辖市劳动能力鉴定委员会提出再次鉴定申请。省、自治区、直辖市劳动能力鉴定委员会作出的劳动能力鉴定结论为最终结论。

(9) 信访。可以采用书信、电子邮件、传真、电话、走访等形式，向各级人民政府、县级以上人民政府工作部门反映情况，提出建议、意见或者投诉请求。

(10) 法律援助。国家要求，要把进城就业人员列为法律援助的重点对象，积极做好对进城就业人员的法律服务和法律援助工作。

【小贴士】

根据《中华人民共和国企业劳动争议处理条例》第七条、第十二条及第三十条的规定，我国目前处理劳动争议的机构为：企业劳动争议调解委员会，县、市、市辖区地方劳动争议仲裁委员会和地方人民法院。

三十六、处理劳动争议应遵循哪些原则？

根据《企业劳动争议处理条例》规定，处理劳动争议时，应遵循一些重要的原则：

(1) 依法处理劳动争议的原则。在处理劳动争议过程中，劳动争议处理机构和劳动争议当事人，必须在查清事实的基础上依法协商、依法解决劳动争议。首先，当事人应积极就自已的主张和请求提出证据；其次，劳动争议处理机构应及时调查取证，两者有机结合，才能达到查清事实的目的。

依法处理争议，就是依据法律规定的程序要求和权利、义务要求去解决争议，同时掌握好依法的顺序，即：有法律依法律，没有法律依法规，没有法规依规章，没有规章依政策。另外处理劳动争议时，还可以依据依法签订的集体合同、劳动合同以及依法制定并经职代会或职工大会讨论通过的企业规章。

（2）适用法律上一律平等的原则。劳动争议双方当事人，虽然在其劳动关系中存在行政上的隶属关系，但是他们的法律地位是平等的，即不管用人单位大小如何，也不管职工一方职位高低，双方在法律面前是平等的。适用法律时不能因人而异，不能因为某单位是重点企业，或者是当地创利创汇大户，而对其侵害职工劳动权益的行为进行袒护。

（3）着重调解劳动争议的原则。处理劳动争议时，应当重视调解的方式。调解既是一道专门程序，也是仲裁与审判程序中的重要方法。着重调解原则，首先是有利于增加当事人之间的相互理解，使其在今后的工作中能够相互支持和配合；还有就是可以简化程序，有利于及时、彻底地处理劳动争议。

实行着重调解的原则时应注意：（1）必须遵守自愿的原则。当事人向企业劳动争议调解委员会申请调解，必须经过争议双方的当事人同意，否则调解委员会不予受理。三种劳动争议处理机构进行调解必须是当事人真正自愿和解和自愿达成调解协议，不得对争议案件强行调解，也不得采取强迫或变相强迫的方法进行调解。（2）必须坚持合法、公正原则。调解是建立在查明事实、分清责任的基础上，通过说服教育，使当事人在法律许可的范围内达成和解协议，并不是无原则地进行的。（3）必须与及时裁决或及时判决结合起来。对于当事人不愿调解或调解不成的，不应久调不决，以免拖延时日，有损于当事人的合法权益，甚至造成不良后果。

（4）及时处理劳动争议的原则。首先，劳动争议发生后，当事人应当及时协商或及时申请调解以至申请仲裁，避免超过仲裁申请时效，丧失申请仲裁的权利。其次，劳动争议处理机构在受理案件后，应当在法定结案期限内，尽快处理完毕。劳动争议往往涉及当事人尤其是职工一方的切身利益，如果不及时加以处理，势必会损害劳动者合法权益，甚至使矛盾激化。因此有关劳动争议法规对争议处理规定了严格的时间限制，以免发生“案无定日”、久拖不决的现象。其三，对处理结果，当事人不履行协议或决定的，要及时采取申请强制执行等措施，以保证案件的顺利处理和处理结果的最终落实。

(5) 基层解决争议的原则。劳动争议案件应该主要由企业设立的调解委员会和当地县、市、市辖区仲裁委员会解决。向法院起诉，也是按法定管辖权由当地基层法院受理。基层解决的原则，方便当事人参加调解、仲裁和诉讼活动，有利于争议的及时处理和法律文书的送达与执行，有利于就地调查，查明事实真相。

三十七、劳动争议仲裁委员会受理哪些劳动争议？

根据《劳动法》、《企业劳动争议处理条例》及有关规定，当用人单位和劳动者之间出现以下的劳动争议时，可以申请劳动仲裁：

(1) 因企业开除、除名、辞退职工和职工辞职、自动离职发生的争议；

(2) 因执行国家有关工资、保险、福利、培训、劳动保护的规定发生的争议；

(3) 因履行劳动合同发生的争议；

(4) 国家机关、事业组织、社会团体和与之建立劳动合同的各类人员之间发生的劳动争议；

(5) 因认定无效劳动合同、特定条件下订立劳动合同、职工流动、因用人单位裁减人员、经济补偿和赔偿发生的争议；

(6) 法律、法规规定应当受理的其他劳动争议。

一般情况下，当事人应当向用人单位所在地的县（市）、市辖区的劳动争议仲裁委员会申请仲裁。重大的劳动争议案件，可由省辖市或省级劳动争议仲裁委员会受理。劳动争议仲裁委员会应该在收到仲裁申请的60日内作出仲裁裁决。由于案件情况复杂需要延期的，经报仲裁委员会批准可适当延长，但最长延期不得超过30日。

如果发生劳动争议的企业与职工不在同一个仲裁委员会管辖地区的，通常情况下，由职工工资关系所在地（工资发放单位所在地）的仲裁委员会处理。对工资关系与劳动争议双方当事人签订或履行劳动合同不在同一地区的，由劳动合同履行地的劳动争议仲裁委员会管辖，也可以由劳动关系双方当事人在劳动合同有关仲裁条款中约定的劳动争议仲裁委员会管辖。

为了能够及时维护劳动者的合法权益，针对用人单位侵害劳动者权益的行为，仲裁委员会经初步审理，可以采用“部分裁决”的形式裁决用人单位先行向劳动者支付。例如出现如下情况的时候：(1) 职工患病，在规定的医疗期内，企业不支付急需的医疗费的；(2) 企业无故拖欠、扣罚或停发工资超过3个月，致使职工生活确无保障的；(3) 职工因工负伤，企业不支付急需的医疗费的。

三十八、劳动仲裁申诉书怎样书写？

在劳动争议发生后，如要申请劳动仲裁，当事人应当在60日内以书面形式向仲裁委员会提交申诉书。申诉书的内容包括首部、正文、尾部及附件。

(1) 首部：申诉人的基本情况，包括姓名、性别、年龄、民族、职业、住所、工作单位和联系电话；用人单位名称、地址、法人姓名和联系电话；若有代理人还应写明代理人的基本情况；写明被诉人的基本情况。

(2) 正文：具体的仲裁请求，所根据的事实和理由以及证据、证人姓名、住址。

(3) 尾部：写明致送仲裁委员会的全称，申诉人签名盖章，申诉日期。

(4) 附件：写明副本件数（按被诉方数量提供）、物证、证件数（可提供复印件）。

三十九、什么是劳动保障监察？

劳动保障监察指县级以上人民政府的劳动保障行政部门依法对用人单位遵守劳动和社会保障法律、法规的情况进行监督检查，并对违法行为依法作出处理的行政执法行为。实施劳动保障监察对于促进劳动保障法律法规的贯彻实施、监控劳动力市场秩序、维护劳动关系双方合法权益以及推动劳动保障部门依法行政都具有十分重要的意义。

劳动保障监察的内容是：(1) 用人单位制定内部劳动保障规章制度情况；(2) 用人单位与劳动者订立劳动合同的情况；(3) 用人单位遵守禁止使用童工规定的情况；(4) 遵守女职工和未成年工特殊劳动保护规定情况；(5) 用人单位遵守工作时间和休息休假规定的情况；(6) 用人单位支付劳动者工资和执行最低工资标准的情况；(7) 用人单位参加各项社会保险和缴纳社会保险费的情况；(8) 职业介绍机构、职业技能培训机构和职业技能考核鉴定机构遵守国家有关职业介绍、职业技能培训和职业技能考核鉴定规定的情况；(9) 法律、法规规定的其他内容。

如果用人单位存在侵害劳动者合法权益的情况，劳动者应当自其权益受到侵害之日起两年内向劳动保障监察机构举报投诉。农民工朋友有权向劳动保障监察机构举报用人单位侵害合法权益的违法行为，劳动保障监察机构将依法作出处理，纠正用人单位的违法行为。

如果遇到自己或者集体的权益被侵犯的情形，农民工朋友可以直接到当地劳动保障监察机构举报，也可以采取电话举报、信函举报等形式，还可就近到当地街道、乡镇的劳动保障所登记举报。凡符合规定的举报，劳动保障监察机构在 7 日内立案受理。不符合规定受理范围的举报，劳动保障监察机构应当告知农民工朋友向有处理权的部门反映。你有权要求告知举报的受理和查处结果。同时，劳动保障监察机构应为农民工朋友保密。

四十、怎样申请法律援助？

法律援助是指由政府设立的法律援助机构组织法律援助人员，为经济困难或特殊案件的人给予减免收费提供法律服务的一项法律保障制度。特殊案件是指依照《中华人民共和国刑事诉讼法》第三十四条的规定，刑事案件的被告人是盲、聋、哑或者未成年人没有委托辩护人的，或者被告人可能被判处死刑而没有委托辩护人的，应当获得法律援助。

法律援助的范围包括请求给予社会保险待遇或者最低生活保障待遇以及请求支付劳动报酬。农民工朋友如果要申请法律援助，首先要到法律援助中心（农民工法律援助工作站）咨询，并领取、递交申请表后，由援助中心对申请人的基本经济状况及案件情况进行审核，并在20天内作出是否予以法律援助的决定。法律援助部门对决定受理的应签订法律援助合同，援助中心指派承办法律援助事项的法律服务机构。